Rutas del Rock

Redbook

EZIO GUAITAMACCHI

Rutas del Rock

VIAJE POR LOS LUGARES DE LA MÚSICA

LOOK

Look es una colección creada y dirigida por Dalia Ediciones S.L. (MMA)

Diseño de cubierta:
Regina Richling

Traducción:
Josep Maria Pinto

Compaginación:
Grafime

ISBN: 978-84-948268-3-2

Depósito legal: B-12.603-2018

Impreso por Sagrafic
Pasaje Carsi, 6 08025 Barcelona

Impreso en España - *Printed in Spain*

AGRADECIMIENTOS

Gracias a Filippo Guaitamacchi, mi sobrino preferido, por su excelente trabajo de selección del material fotográfico.
Gracias a Andrea Sparacino por su constante apoyo y su constructiva lectura, y gracias también a su «gemelo», Maurizio Vedovati, presidente más que honorario de mi club de fans.
Gracias a Marco Sbrozi (auténtico entendido en fútbol) por su confianza y entusiasmo.
Gracias a la incansable Sara Giudice por su labor de promoción.
Gracias a Alessandra Tau por la ideación del proyecto gráfico y a Sara Taglialegne por haber desarrollado toda la obra con pasión y profesionalidad.
Finalmente, gracias a toda la familia Hoepli, en particular a Barbara y al gran Ulrico, el más roc-kero de todos.

A la bella Nico,
compañera de viaje (y de vida)
única e insustituible

SUMARIO

1. *El diablo tras mis pasos*

2. *El último tren a Memphis*

3. *Una gran manzana rock*

POR LOS CAMINOS DEL ROCK

de Ezio Guaitamacchi

Una vez, Agatha Christie dijo: «El dinero que mejor he gastado en mi vida ha sido el que he destinado a los viajes». Thomas Gilcovich replicaba declarando que «viajar es lo único que puedes comprar y que te hace más rico». Suscribo las afirmaciones de ambos. Porque, exactamente como la gran novelista policíaca británica o el famoso sociólogo estadounidense, he tenido la oportunidad y el privilegio de viajar por el mundo, de visitar lugares maravillosos, conocer culturas exóticas, relacionarme con personas de razas y costumbres distintas, experimentar estilos de vida alternativos. Y, sobre todo, de acumular un bagaje de emociones, recuerdos y sensaciones que no tienen precio y que, al contrario que las fotografías, vídeos o souvenirs, no se desteñirán jamás y, sólidamente anclados en nuestros corazones, nadie nos los podrá robar. Muchos de mis cerca de ciento cincuenta viajes, y podría decir que casi todos, se han inspirado en la música: el hipnótico sonido del didgeridoo me guió a través de Kimberley, en el norte de Australia, los coros zulúes fueron la banda sonora de excursiones excitantes al cabo de Buena Esperanza o a Namibia y Botswana, las notas de sitar, sarod y vina acompañaron las navegaciones meditativas por las *backwater* de Kerala, mientras que las de charango y quena aumentaban la fascinación de los trayectos en los trenecitos de los

Berkeley, California: con Country Joe McDonald, en su casa

Austin, Texas: la estatua de Stevie Ray Vaughan

Con Sam Andrew y la guitarra de Janis Joplin: la réplica del Porsche de Janis Joplin en el Gulf Museum de Port Arthur, Texas

Andes o las mágicas visiones de lugares sagrados como Machu Picchu, Tikal o Chichen Itzá, capitales de las antiguas culturas inca, maya y azteca.

Los sonidos de la naturaleza también han estado presentes: me hechiza el grito de los primates de Malasia y de los gorilas de montaña en el Volcanoes National Park de Ruanda, las dulcísimas melodías de las yubartas hawaianas o los inquietantes rugidos de los osos grizzly en Alaska, por no hablar de los increíbles crujidos nocturnos de las selvas amazónicas, los espantosos estruendos de los glaciares de Patagonia o los ensordecedores fragores de las cavernas de Borneo. Obviamente, me impactó y fascinó todavía más la audición de las tradiciones musicales en los lugares donde se han expresado, interpretadas por poblaciones que, aún hoy, son sus guardianes; como los monjes del Tíbet y de Ladakh y sus coros guturales, las «string band» de la isla de Pascua o las orquestas gamelán balinesas, los percusionistas de Pelourinho o los fantásticos violinistas de Cape Bretone, los músicos callejeros en Cuba y los danzarines de Papúa.

Pero si hay una música que desde siempre me ha empujado a viajar, ha sido el rock.

Todo comenzó en verano de 1976, hace exactamente cuarenta años: mi primer viaje a California y mi primera vez en San Francisco. Al cabo de dos días había ido ya al Frost Amphitheater de Stanford a ver a David Crosby y Graham Nash, mis héroes de aquellos años. A partir de aquel momento, por ocio y por trabajo, los Estados Unidos, Gran Bretaña e Irlanda fueron las metas de mis viajes de rock y estilos adyacentes. En efecto, porque en mi período country & folk pasé los veranos tocando junto a los maestros de los Apalaches, asistiendo a los festivales de música céltica en el Reino Unido, frecuentando los clubes de Nashville y los pubs de Dublín.

Luego, un día, mientras me encontraba en Olympia, capital del estado de Washington así como renombrada ciudad

Cotchford Farm, Sussex, en la casa de Brian Jones

Cementerio de Renton, bajo la tumba de Jimi Hendrix.

universitaria, en las inmediaciones de Seattle, alguien me dijo: «Si quieres entender la música de Nirvana, ve a Aberdeen». Les hice caso, viajé hasta allí y la entendí.

Y, a partir de aquel momento, por si había necesidad de ello, me convencí definitivamente de que el viaje rock tiene las mismas características que un viaje, por decirlo así, normal: si quieres comprender a fondo lugares, culturas, poblaciones, usos, costumbres y músicas debes conocerlos de cerca.

A tantos años de distancia, en esta comodísima era 2.0 en la que pensamos que todo se puede alcanzar con un solo clic, todavía me emociona la idea de asistir a un concierto en el Royal Albert Hall, visitar los estudios de Abbey Road, posar junto a la estatua de Stevie Ray Vaughan en Austin o la de Louis Armstrong en Nueva Orleans. Pero también la simple idea de partir porque, como sostenía Albert Einstein, «lo bonito del viaje es ir, no llegar».

En este *Rutas del rock* he querido proponer una treintena de itinerarios musicales como los he vivido yo, en el curso del tiempo.

El libro, un poco guía turística, un poco enciclopedia, pero principalmente relato de viaje, quiere ser sobre todo un modo de estimular la fantasía y la imaginación del lector, desvelar anécdotas e «historias que han hecho historia», todo ello visto desde la perspectiva de los lugares que han sido testimonio de dichas historias. Desde luego, me sentiría muy agradecido si, además de apreciar la obra, usted, lector lo utilizara también como punto de partida para uno de sus próximos viajes y, tal vez, me hiciera partícipe del mismo enviándome un resumen o una simple selfie. Así que, queridos viajeros, ya sea con maleta o con la fantasía: ¡«happy trails»!

«Desert Trip 2016», Coachella Valley, California

MIS COMPAÑEROS DE VIAJE

“Ezio es uno de los pocos periodistas musicales que considero *crossover*, es decir, capaz de identificar y apreciar el talento independientemente de sus gustos personales. Es un compañero de conversación muy divertido y estimulante, incluso, o sobre todo, si su punto de vista es diferente al tuyo. Además de su gran pasión y una preparación enciclopédica, su honestidad intelectual, tan rara en nuestro ambiente, me incita a querer saber qué opina cada vez que coincido con él.”

Manuel Agnelli (Afterhours)

“Como siempre, mi amigo Ezio nos sorprende y llena los espacios vacíos del relato sobre la historia de la música. El artista y los lugares que lo han visto crecer, que lo han acogido, transformado e inspirado tienen en su música el sonido de aquellas mismas imágenes: no hay músico sin el maravilloso relato del lugar al que pertenece. Y para nosotros es fundamental conocerlo.”

Rossana Casale

“¡Ezio! Con ese aspecto de vástago de antiguo y noble linaje, pero también de último descendiente del coronel William Cody, alias Buffalo Bill.
¡Ezio! Con ese apellido que recuerda la marca de una gloriosa fábrica de aeroplanos.
¡Ezio! Tú que has hecho del rock una razón de vida, contándolo con rigor y vibrante pasión e incluso tocando bien (quién lo habría dicho...) con tus innumerables guitarras.
¡Ezio! Tú que luces con innata naturalidad tus incomparables pañuelos de cuello junto a osados y variopintos chalecos de tahúr del oeste.
¡Ezio! Me pregunto y te pregunto: ¿cuándo te decidirás a venderme tu Hummer amarillo?”

Giorgio Conte

“Leyendo este libro de mi amigo Ezio tengo la sensación de que conscientemente se sitúa en el centro del *crossroad*, pero en los márgenes del cruce con su bolígrafo-videocámara, para no perder ningún instante del encuentro entre el diablo, el blues y el rock para contárnoslo con detalles nuevos y, para nosotros los mortales, desconocidos.”

Vittorio De Scalzi (New Trolls)

“Son los lugares los que hacen la música. Todo aquel que se dedique a la música étnica lo sabe. Desde el delta del Mississippi hasta las ásperas tierras del Salento, la naturaleza es la que dicta el ritmo. El viento o el mar, el llano o el bosque, las rocas y las formas de las casas, el habla, el modo de caminar forman cada uno su canción propia y diferente. La pobreza casi siempre, y a veces algunas mentes iluminadas. Esto es lo que nos cuenta Ezio en su apasionante reconocimiento de tierras musicales.”

Teresa De Sio

❝ Voy a obviar las consideraciones de amistad y de trabajo que ya se sobreentienden al hablar de un amigo y un gran trabajador, como Ezio, que sigue trazando su recorrido y el hilo tendido entre las raíces nobles y la música bella (y madre) y los audaces tirones de orejas a la inutilidad y al vacío contemporáneos, cada vez más peligrosos.

Me expresaré tocando en seguida la cuerda que, personalmente, resume para mí la figura y el trabajo de Ezio: una especie de alegoría emocional. Si imagino que ambiento mi conocimiento profesional con Ezio en una película, me digo que nos hemos conocido justamente ahí donde los malabaristas y los acróbatas se conocen: en el circo, y más en concreto en el de Buffalo Bill. Yo era seguramente uno de los payasos, pescado entre los nativos de Norteamérica en alguna reserva, mientras que Ezio era, sorprendentemente, una noche Buffalo Bill, que daba vueltas con su chaleco con lentejuelas, encaramado en su caballo, y la noche siguiente era un nativo americano, con su chaleco de piel con flecos. A mi modo de ver, son las dos almas de Ezio: la más dura y sarcástica y la más auténtica y sensible. Cuando nos exhibíamos en el circo, me gustaba más cuando se ponía el chaleco de piel con flecos. Pero en cualquier caso, lo más importante es esto: su exhibición, con un vestido o con el otro, siempre fue un éxito, porque era honesta, coherente y respetuosa con el público y con sus propias raíces. Y así sigue hoy que nos hemos vuelto a encontrar en este circo de la música: buena actuación, amigo Ezio. ❞

Alberto Fortis

❝ Desde siempre, Ezio viaja alrededor del mundo con una insobornable pasión por la música, especialmente si es *made in USA*. Lugares sagrados, místicos, famosos e históricos que todos los amantes de la música conocemos, pero probablemente nunca hemos visitado. Por otra parte, debo decir que Ezio nunca está quieto, viaja incluso cuando está sentado en su casa de Milán. En suma, un hombre siempre en movimiento entre libros, espectáculos, guitarras, enseñanza, producciones radiofónicas y televisivas, y podría seguir todavía más.

Pero esta vez, con la publicación de su nuevo libro *Rutas del rock*, Ezio Guaitamacchi ha decidido llevarse consigo a todos sus lectores, y estoy seguro de que son muchísimos, para atravesar junto a él los Estados Unidos de América. No se preocupen: de toda la organización se encarga Hoepli, mientras que los aviones, hoteles, taxis, restaurantes y gastos varios van a cargo de Ezio. A nosotros no nos queda más que decidir cuándo partimos. Gracias, Ezio, y buen viaje a todos. ❞

Ricky Gianco

“ Con su gran riqueza en audiciones y en experiencias directas sobre el terreno (le envidio sus maravillosas guitarras con afinación abierta), indagador de todos los matices ocultos que encierran las producciones de la música mundial (desde los grandes nombres hasta los menos conocidos, pero no menos influyentes) capaz de transformar entrevistas en profundizaciones psicológicas sobre el secreto musical de cada artista que conoce (y son muchísimos), con un gran talento narrativo y una evocación potente. Lo definiría como un explorador poliédrico de la música. Sólo Ezio podía pensar en un recorrido como este. ¡Buen viaje! ”

Andrea Miró

“ Pienso que Ezio Guaitamacchi es el mayor experto italiano de música rock, y lo demuestra en sus libros, contando con precisión de fechas y hechos un mundo musical que ha condicionado mucho el panorama de nuestro país. Por otra parte, Ezio tiene la capacidad de acompañar sus escritos con citas musicales de alto nivel. ”

Pietruccio Montalbetti (Dik Dik)

“ Desde que conozco a Ezio, y ya han pasado unas cuantas décadas, nunca he visto que menguara aquel especial entusiasmo que se puede observar en el historiador auténtico o en el arqueólogo: no sentirse nunca satisfecho a la hora de analizar la superficie de los acontecimientos, el análisis de los objetos, sino seguir excavando hasta encontrar las verdaderas raíces. Rastreando elementos auténticos y nuevos, para dar sentido y profundidad a los fenómenos de época. En este caso, describiendo hechos, intuyendo relaciones, iluminando destinos y figuras de los nuevos ministriles y trovadores que, con voces, guitarras y pianos, han marcado la historia de la música popular de nuestra generación. ”

Franco Mussida

“Si te consideras un feroz aficionado a la música, si eres uno de aquellos viajeros irrefrenables en busca de la nota perfecta, del tam-tam primordial, de tu sonido interior, estas *Rutas del rock* de Ezio Guaitamacchi te parecerán indispensables para organizar lo mejor posible tus correrías musicales por el globo terráqueo. Ezio narra su amor por el rock ilustrándonos con los itinerarios que han marcado su vida de periodista musical atento y sincero.”

Gegè Telesforo

“En el largo camino de la música he compartido un tramo significativo de camino con mi blues brother Ezio Guaitamacchi. Hemos vivido juntos dos experiencias bellísimas, relacionadas con dos de los festivales de blues más prestigiosos del mundo, el del lago Michigan en la 'Windy City' Chicago y el de Memphis, a orillas del gran río Mississippi. Viajar con Ezio a los lugares de la buena música, ya sea blues, folk o rock, es agradable, divertido e instructivo, porque con él se descubre siempre algo nuevo. Nosotros, los músicos, también tenemos siempre algo que aprender, y esto sólo sucede cuando al lado se encuentra una persona sensible y muy preparada, que nunca se cansa de proporcionar detalles, anécdotas e historias transmitidas oralmente por los grandes artistas que ha conocido. Ezio es, en definitiva, un auténtico atlas musical vivo.”

Fabio Treves

61
49
The CROSSROADS

1
EL DIABLO TRAS MIS PASOS

Un fascinante viaje al sur de los Estados Unidos, a las raíces del rock, a través de senderos folk, country, blues y soul. Recorreremos las cenagosas aguas del poderoso Mississippi para luego dejarnos envolver por las seductoras melodías de Nashville, bailar en las calles de Nueva Orleans antes de recorrer las caóticas carreteras de Chicago y las polvorientas de Alabama en busca de los lugares que dieron vida a mitos y leyendas de la música.

EN LOS CAMINOS DEL BLUES

Entre encrucijadas satánicas, locales de mala fama, viejas plantaciones de algodón y lugares históricos, viajando a lo largo de la autopista del blues, la Highway 61, en busca del fantasma de Robert Johnson...

La han llamado «The Great River Road» porque, a lo largo de sus 2.264 kilómetros de recorrido desde Nueva Orleans hasta la frontera entre Minnesota y Canadá, sigue el curso del río Mississippi. Inaugurada en noviembre de 1926, la U.S. Route 61, más conocida como **Highway 61**, fue durante al menos medio siglo una arteria fundamental para comunicar las áreas rurales del sur con las aglomeraciones urbanas de Memphis, St. Louis y St. Paul. En particular, en las décadas de 1930 y 1940, por esta carretera transitaron muchísimos músicos afroamericanos destinados a trasladar la música del diablo hasta las metrópolis del norte, como Kansas City, Detroit o Chicago, donde nacería el blues eléctrico. Porque, en efecto, en su tramo más sugestivo e interesante (el que va desde Natchez, Mississippi, hasta Memphis, Tennessee), la Highway 61 atraviesa la zona del Delta, es decir, la que se considera justamente la cuna del country blues. O, como reza la inscripción en el Missisipi Musicians Hall of Fame and Museum, mitad área expositiva y mitad restaurante en el interior del aeropuerto de Jackson, «el estado de Mississipi es el lugar de nacimiento de toda la música norteamericana: el blues del Delta, la música country de Jimmie Rodgers, el rock de Ike Turner».

«BLUES Y JAZZ SON ETERNOS: COMO NUEVA ORLEANS Y EL DELTA DEL MISSISSIPPI»

Jack Nicholson

Limitada al norte por la ciudad de Memphis, al sur por la de Vicksburg, Mississippi, al oeste por Helena, Arkansas, y al este por las aguas del río Yazoo, la región del Delta vio nacer a Son House, Howlin' Wolf, John Lee Hooker, Elmore James, Robert Johnson, Mississippi

John Hurt, Charlie Patton, Bukka White, Muddy Waters y centenares más de formidables músicos que escribieron las páginas más importantes de la historia del blues. Por esta razón, la U.S. 61 también se conoce con el apodo de «The Blues Highway». Así que la mejor manera de recorrerla es justamente de sur a norte, la misma que abordaron los viejos bluesmen de la década de 1940, partiendo por ejemplo de Natchez, Mississippi, para llegar hasta Memphis después de conducir unos 500 kilómetros, siguiendo un

HIGHWAY 61 REVISITED

Bob Dylan en la autopista del blues

En su libro autobiográfico *Chronicles: Volume One*, Dylan describe las afinidades electivas con la carretera que dio título a su sexto álbum en estudio. «La Highway 61 comenzaba exactamente donde yo vivo, en Duluth, Minnesota. Siempre he pensado que tenemos mucho en común: la he recorrido mil veces y he soñado con seguirla hasta abajo, hasta el corazón del Delta. Siempre ha sido la misma carretera, llena de las mismas contradicciones, con las mismas poblaciones minúsculas y los mismos descendientes espirituales: me he acostumbrado a sentirla como parte de mi ADN». Por este motivo, contra el parecer de mánagers y discográficas, Bob Dylan insistió en nombrar *Highway 61 Revisited* al álbum del «giro eléctrico», que también es el de su declaración de amor por el blues de las raíces.

tramo de carretera que en aquella época estaba prácticamente sin asfaltar. Una buena idea, antes de adentrarse a lo largo de la «autopista del blues» es ir a almorzar en **Mammy's Cupboard** (555 U.S. 61), justo al sur de Natchez. Este diner, construido en el interior de un gracioso edificio rosa (de 9 metros de alto), la falda de una *mamie* afroamericana coronada por su busto y su rostro sonriendo mientras sostiene una bandeja, constituye una de las imágenes más famosas de los Estados Unidos.

Abierto en 1940 por un antiguo guía turístico local, el Mammy's Cupboard ha tenido diversos propietarios pero nunca ha pasado de moda. Aquí se pueden comer deliciosas tortas caseras y la mejor *blueberry lemonade* (limonada con zumo de arándanos) al sur de Memphis. Antes de sumergirse

Mammy's Cupboard, uno de los diner más curiosos y conocidos de los Estados Unidos

en la atmósfera blues, en Natchez merece la pena dar una vuelta entre las casas de antes de la guerra: esta es una de las mejores zonas del país para visitar la arquitectura neoclásica del siglo XIX. Más al norte, transitando por Vicksburg, nos topamos con la Willie Dixon Way. En 2004, esta calle se dedicó a este gran bluesman, nacido precisamente en Vicksburg, y cuya música se honora constantemente en el **Bottleneck Blues Bar.**

En Chicago, Dixon se convirtió en uno de los autores más prolíficos: «29 Ways», «I'm Your Hoochie Coochie Man», «Spoonful», «Backdoor Man» o «Little Red Rooster» son algunos de sus temas más famosos, grabados por bluesmen legendarios y por estrellas del rock. Muy diferente es el **Margaret's Grocery**, al norte de Vicksburg, en la Highway 61. En este antiguo colmado, el reverendo H.D. Dennis cumplió una promesa: si Margaret Rogers se casaba con él, Dennis transformaría la tienda de su amada en un lugar de fe. Y así lo hizo. Desde 1984, este establecimiento tan vistoso, construido con madera, flores artificiales, objetos de plástico y otros artículos de poco valor, está lleno de inscripciones, carteles y enseñas de tema religioso: un ejemplo de folk art único en el mundo.

Al cabo de horas se llega a Greenville. Y si hoy la céntrica **Walnut Street** (en cuya acera se encuentra un Walk of Fame con los nombres de los principales músicos locales) está atestada de establecimientos y bares donde todavía se puede escuchar un blues excelente, Nelson Street es el lugar donde se escribió la historia. Equivalente de Beale Street en Memphis, esta calle era, en las décadas de 1940 y 1950, el epicentro del negocio musical del Delta, el lugar al que las discográficas acudían para contratar a nuevos bluesmen. Los clubes más famosos de la época eran el Casablanca, el Flowing Fountain y el Playboy Club. En 1951, Willie Love homenajeó Greenville y su vida musical con «Nelson Street Blues». Y aquí en Greenville también encontramos lo que, antaño, era uno de los locales más codiciados, uno de los mejores escenarios del denominado Chitlin' Circuit, la red de clubes estadounidenses considerados seguros para los artistas afroamericanos en los años de la segregación racial. Se llama **Southern Whispers** (756 Nelson St.) y hoy es el lugar ideal para apreciar la sabrosa *soul food*, la típica cocina afroamericana del sur de los States.

Pero es mejor no prestar atención al color del agua: la de Greenville, a causa de las profundas

Bottleneck Blues Bar, en la Willie Dixon Way

SOUL KITCHEN

La cocina afroamericana

El término *soul food* comenzó a emplearse en la década de 1960 cuando la palabra *soul* (alma) se asociaba a menudo a la cultura afroamericana. De aquel modo se identificaba de hecho a la cocina típica del sur de los Estados Unidos, una especie de mezcla ideal entre la tradición africana y la de los nativos de Norteamérica. Algunos de los platos típicos son el *fried chicken* (pollo frito), las *pork ribs* (costillas de cerdo), los *hush-puppies* (buñuelos de maíz fritos), el *cornbread* (pan de maíz), los *black-eyed peas* (alubias con «ojo» negro, cocinadas con pavo ahumado y cebolla), el maíz y las *sweet potatos*, los boniatos. En cuanto a postres, la *southern cuisine* es famosa por los *berry* (nuestros frutos del bosque), que rellenan las *cobbler* (las tortas rellenas), las *pie* (tortas tradicionales, la más famosa de las cuales es la *peacan pie*, con nueces de pecán) y finalmente la *sweet potato pie*, la torta de boniatos. ¡Buen provecho!

Margaret's Grocery, arte folk entre sacro y profano

raíces de los numerosos cipreses de la ciudad, tiene un color amarillo-marrón poco apetitoso, aunque es potable al 100%. Los aficionados al Muppet Show deben saber que el creador de la famosa serie de televisión, Jim Henson, es nativo de Greenville. Por su parte, la rana Kermit, presentadora y directora de escena del show, «nació» en la vecina **Leland.** Y justamente allí existe un museo dedicado a Henson y a su criatura más célebre. Pero la población también es la sede del Leland Blues Project, una iniciativa que promueve un festival, una serie de coloreados murales con temática blues que se encuentran en **Main Street** y sobre todo

Southern Whispers, black music y soul food

BANDA SONORA ★★★

HIGHWAY 61 REVISITED

JOHNNY WINTER - *SECOND WINTER* (1969)

Dos gigantes frente a frente, Bob Dylan, nacido en Duluth, en el último tramo de la autopista del blues, y Johnny Winter, el albino más blues de la historia del rock, que creció en la zona del Delta.
Imperdible.

un museo (el **Highway 61 Blues Museum**), situado en el viejo edificio del **Montgomery Hotel** (307 N. Broad Street).

El museo, pequeño pero bien presentado por su director Bill Johnson, se centra en el blues del Delta, con fotografías de época, discos y recuerdos variados.

Leland Blues Project, los murales de Main Street

Leland también es la localidad en la que crecieron Edgar y Johnny Winter. Su padre, John Dawson Winter, además de dirigir una empresa productora de algodón, había sido uno de los alcaldes locales más queridos. Johnny Winter, gran blues rocker albino, aparece inmortalizado por una placa del Mississippi Blues Trail frente al edificio que acogía la compañía paterna (302 N. Broad Street).

En el cementerio de Leland se encuentra la tumba de James «Son» Thomas, cuya lápida fue sufragada por John Fogerty, de los Creedence Clearwater Revival. Pat Thomas, hijo del bluesman, se exhibe a menudo en el Highway 61 Blues Museum.

Un poco más al norte, fuera de Merigold, se halla uno de los últimos *juke joints* originales de los Estados Unidos: el **Po' Monkey**. Abierto en 1963 por William «Po' Monkey» Seaberry, el local opera hoy tan sólo una noche por semana, los jueves. Como todos los puestos de este tipo, también el Po' Monkey había nacido para la gente que trabajaba en las plantaciones de algodón. Posteriormente se convirtió en una meta para los aficionados al blues de todo el mundo. Pero Po' Monkey ha resistido al éxito: su local sigue siendo un *juke joint* auténtico, con juke-box, mesa de billar, anuncios de marcas de cerveza y luces de estilo navideño.

Highway 61 Blues Museum

Po' Monkey, uno de los últimos *juke joint*

La vecina **Clarksdale** es una especie de capital de la región del Delta. A mediados del siglo XIX, la población se convirtió en el centro de la industria del algodón: la tierra de la zona parecía particularmente fértil y, en poco tiempo, se multiplicaron las plantaciones. En aquella época, la población afroamericana era cinco veces superior a la blanca, y Clarksdale fue rebautizada «the golden buckle of the cotton belt» (la hebilla de oro del cinturón del algodón). Pero Clarksdale es sobre todo una pequeña gran capital del blues: aquí nacieron, entre otros, Eddie Boyd, Jackie Brenston, Sam Cooke, John Lee Hooker, Son House, Junior Parker o Ike Turner. Y también residieron en ella W.C. Handy, Frank Stokes, Robert Johnson, Muddy Waters y Howlin' Wolf. Todo ello aparece eficazmente testimoniado en la Blues Alley, el histórico barrio en el que, entre un interesante Walk of Fame y algunos pequeños locales extravagantes, se halla el **Ground Zero Blues Club**. Fue el actor Morgan Freeman (que vivió en esta zona durante su infancia) quien promovió, junto a un abogado y un empresario local, este club que, desde 2001, opera con éxito proponiendo música en vivo y comida deliciosa. Se encuentra justo al lado del **Delta Blues Museum**.

«LOS SONIDOS DEL MISSISSIPPI Y DE LA REGIÓN DEL DELTA RESUENAN EN TODOS LOS DISCOS DE LOS VIEJOS MAESTROS»

Muddy Waters

JUKE JOINT, BARRELHOUSE Y HONKY TONK

Los locales del pecado

Los *juke joint* eran pequeños locales regentados por afroamericanos para los trabajadores negros de las plantaciones de algodón discriminados por las leyes Jim Crow. A menudo situados fuera de las ciudades, en los cruces principales, ofrecían comida, bebida y distracción después de una jornada de duro trabajo. Al parecer, el término se deriva de una antigua palabra africana, «joog», que significa caótico, ruidoso. Casi siempre eran barracas de madera cuyos propietarios también servían el *moonshine*, el licor de contrabando, y proponían música en vivo. En las décadas de 1930 y 1940 representaron el principal escenario para los bluesmen del Delta. También se llamaban «barrelhouse» porque albergaban barriles de cerveza y de whisky. Los *honky tonk bar* tenían el mismo cometido, pero para un público de blancos. A menudo ofrecían ciertas «distracciones» de pago...

Po' Monkey, uno de los últimos *juke joint*

En 1979, para preservar y revalorizar el pasado musical de Clarksdale, Sid Graves (director de la biblioteca local) comenzó a concebir la idea de un pequeño museo. A las piezas de su colección se sumó material que logró recuperar gracias a la ayuda de amigos y aficionados. Pero siempre con la indiferencia de las instituciones. Hasta que, casi por casualidad, Billy Gibbons (guitarrista de los ZZ Top) se enteró del proyecto. Y decidió financiarlo. Y no sólo eso: con la madera de la cabaña de la Stovall Plantation, donde había vivido Muddy Waters, Billy Gibbons hizo construir una magnífica guitarra que bautizó como «Muddywood» y que, después de una gira con los ZZ Top, se muestra en el Delta Blues Museum de Sid Graves.

La propia cabaña, después de que sus maderos se expusieran durante un tiempo en las diferentes House of Blues, fue reconstruida y ahora

ZZ Top y la «Muddywood guitar»

se puede visitar en el interior del museo. En la **Stovall Plantation**, en las inmediaciones de la ciudad, hay una placa azul en el lugar en que se hallaba la cabaña: desde allí, cada día, Muddy Waters salía para conducir el tractor en los campos de algodón. De hecho, Muddy (que en realidad se llamaba McKinley Morganfield) había nacido en la Jug's Corner Community del condado de Issaquena, uno de los más pobres de la Unión. Pero **Rolling Fork** fue siempre el lugar que consideró su localidad natal. Allí, detrás del tribunal del condado de Sharkey, se encuentra el **Blues Schack**, una cabaña muy similar a la que acogió a la familia Morganfield, cuyos herederos siguen viviendo en Rolling Fork. También el mito de Muddy sigue

«SIEMPRE ME HAN FASCINADO LOS SONIDOS DE LAS RAÍCES. PERO EL BLUES DEL DELTA REALMENTE ME PARECE IRRESISTIBLE»

Robbie Robertson (The Band)

vivo en Rolling Fork: lo testimonian un mirador en su memoria, murales en diferentes partes de la ciudad y la biblioteca del condado, que contiene la mayor parte de las grabaciones del gran bluesman. Por otra parte, cada primavera se celebra en Rolling Fork el Deep Delta Festival.

A partir de 1999, el Delta Blues Museum de Clarksdale cuenta con una nueva sede: la vieja y amplia estación de pasajeros de la **Yazoo and Mississippi Valley Railroad**

BANDA SONORA

CROSSROADS

CREAM - *WHEELS OF FIRE* (1968)

A los 30 años de la muerte de Robert Johnson, un supergrupo de rock y blues británico renovó el mito del cruce de caminos y del pacto con el diablo. Eric Clapton era, en aquellos días, «dios», como aparecía escrito en las paredes de Londres. Es decir, era «omnipotente». Indispensable.

Blues Schack de Muddy Waters en Rolling Fork

(1 Blues Alley) acoge las muestras, los recorridos audiovisuales, los cursos y los talleres que se organizan continuamente. Estrellas del Rock como ZZ Top, Eric Clapton, Paul Simon, Robert Plant y Jimmy Page son amigos del Delta Blues Museum, que organiza dos festivales anuales.

Las actividades del Delta Blues Museum han quintuplicado el tráfico y los flujos turísticos hacia Clarksdale. Y así nació también otro museo: el **Rock & Blues Museum** (113 E. 2nd Street), cuyo objetivo es mostrar la enorme contribución de la música estadounidense del siglo xx en el desarrollo artístico-musical de todo el mundo. Entre las piezas más apreciadas, diferentes guitarras autografiadas por sus respectivos propietarios: *guitar heroes* como Jimmy Page, Robbie Krieger, Chuck Berry o B.B. King. No lejos de allí se encuentra el **Riverside Hotel** (615 Sunflower Ave.), cuyo edificio acogía en la década de 1930 el G.T. Thomas Afro-American Hospital, el hospital para negros donde el 26 de septiembre de 1937 trataba de recuperarse Bessie Smith tras el desafortunado accidente de tráfico que por desgracia tuvo un desenlace funesto. Una vez convertido en el Riverside Hotel, el edificio se transformó en el cuartel general de muchísimos artistas, desde Sonny Boy Williamson hasta Duke Ellington, pasando por Robert Nighthawk y Ike Turner. Este

BANDA SONORA

WALKING INTO CLARKSDALE
JIMMY PAGE & ROBERT PLANT -
WALKING INTO CLARKSDALE (1998)
Nunca ocultaron su entusiasmo por el blues. Y así, a casi 20 años de distancia del final de la leyenda de los Zeppelin, Page & Plant fueron a «beber» de las aguas cenagosas del Mississippi. Inspirador.

último nació en Clarksdale el 5 de noviembre de 1931. La casa en que creció se encuentra en el 304 de Washington Avenue, en el barrio de Riverton. Mucho antes de conocer a Anna Mae Bullick (la futura Tina Turner), en 1957 Ike ya era un músico solicitado y un productor genial. Trabajó en Clarksdale hasta 1954, antes de trasladarse a St. Louis y luego a California. En 1951 grabó en los estudios de la Sun, en Memphis, «Rocket 88», considerado por mucha gente como el primer tema de rock'n'roll de la historia.

Delta Blues Museum de Clarksdale

Casi fuera de la ciudad, en el 2303 de 7th Street (en la esquina con Illinois Ave.), se halla la casa natal de otro hijo de Clarksdale, Sam Cooke. Sam sólo vivió aquí tres años, antes de que su familia se trasladara a Chicago, pero siempre estuvo muy unido a Clarksdale, hasta el punto de que volvió incluso después de hacerse famoso. Una placa azul del Mississippi Blues Trail recuerda sus éxitos, pero está situada a una milla de distancia, frente al New Roxy Theater.

Muy cerca se encuentra el cruce de caminos entre la Highway 61 y la U.S. Route 49 donde, según la leyenda, Robert Johnson hizo un pacto con el diablo: se cuenta que una noche se encontró con Satanás negociando su alma a cambio de la pericia musical. Aquel cruce es hoy bien visible: tres guitarras gigantes aparecen colocadas justo donde se cruzan los dos carteles (de la Highway 61 y de la Route 49). Y para quien todavía albergara alguna duda, la inscripción **«Crossroads»** convierte al lugar en inequívoco. Pero hay quien objeta que el cruce sea justamente este. Luther Brown (Delta Center for Culture and Learning de Cleveland, Ohio), afirma que, en la década de 1930, este cruce no existía, dado que las carreteras 61 y 49 coincidían cerca del New World District, lugar en el que, por otra parte, residió Robert Johnson. El bluesman Son House sostiene en cambio que el punto exacto se halla en Rosedale, entre las Highway 1 y 8.

El famoso «Crossroads» de Robert Johnson

BIOGRAFÍA DE UN FANTASMA

Los misterios de la vida de Robert Johnson

En 1974, un musicólogo texano, Mack McCormick, realizó intensas investigaciones sobre Robert Johnson. Descubrió que el bluesman había tenido un heredero legítimo: un hijo. Se llamaba Claud, y Robert lo había tenido con Virgie Mae Cain, un idilio de un día en la primavera de 1931. El muchacho había crecido con sus abuelos maternos y nunca había conocido a su padre natural. McCormick también descubrió nuevos e interesantes datos acerca de su misteriosa muerte. Contactó con el sheriff de Greenwood, que no pareció interesado en reabrir el caso. «He hablado con el asesino de Robert Johnson –dijo–, puedo desvelarle su nombre de pila: se llama Ralph. Me ha confesado que fue él quien le metió una dosis de estricnina en la botella de whisky». McCormick recogió una cantidad considerable de información y de material variado (por ejemplo un par de fotos de Robert Johnson, las únicas además de la foto extraordinaria que se ve en los discos y en las enciclopedias del blues, es decir, la instantánea que retrata al bluesman con sombrero y guitarra).

Las Dockery Farms, cuna del blues

Aquellos que busquen el fantasma de Robert Johnson (su fin sigue rodeado de misterio) encontrarán todo lo que deseen en esta zona. Desde **Hazelhurst**, su lugar de nacimiento (al sur, en la estatal 55, donde hoy está el Robert Johnson Research Center), Johnson debió viajar más al norte, desplazándose de una plantación a otra. En la cercana **Friars Point**, el bluesman solía actuar, como testimonia Muddy Waters, en el «front porch» de Hirsberg, un drugstore muy popular en la época, o en los *juke joint* de los alrededores, como luego cantó en «Traveling Riverside Blues». Se sabe a ciencia cierta que pasó bastante tiempo en la legendaria Dockery Plantation, hoy **Dockery Farms**, en los alrededores de Cleveland, donde vivía Charlie Patton y que, como reza la placa azul del Mississippi Blues Trail, «es el lugar de nacimiento del blues».

En **Holly Ridge**, rodeada de campos de algodón, está la tumba de Charlie Patton, uno de los padres del blues o «la voz del Delta», como aparece grabado en la lápida. En las inmediaciones está también la New Jerusalem Missionary Baptist Church, donde Patton exhibía su repertorio religioso.

En **Ebenezer** encontramos la tumba de Elmore James, «el rey de la slide guitar», como reza su epitafio. Autor de clásicos como «Dust My Broom» o «Shake Your Money Maker», James influyó en legiones de artistas,

«DESDE PEQUEÑO HE DESARROLLADO UNA AUTÉNTICA OBSESIÓN POR EL BLUES, Y EN PARTICULAR POR EL DEL DELTA»

Robert Plant (Led Zeppelin)

desde Brian Jones hasta George Harrison, pasando por Eric Clapton o Stevie Ray Vaughan. Está enterrado en el cementerio de la iglesia baptista de Newport, no lejos de su casa natal. Sobre la lápida, sufragada por Phil Walden, boss de Capricorn Records, domina una escultura que lo representa en la típica posición del guitarrista slide.

Indianola, lugar de nacimiento de Albert King, está considerada la ciudad de B.B. King. Antes de convertirse en Beale Street «Blues Boy» King en Memphis, Riley B. King creció aquí, cantando gospel e intentando emular a su maestro Bukka White. Por ello participaba cada año

BANDA SONORA

ROLLIN' AND TUMBLIN'
CYNDI LAUPER FEATURING ANN PEEBLES - *MEMPHIS BLUES* (2010)

Una estrella del rock neoyorquina de los años ochenta y una cantante de soul de Missouri revitalizan el papel de las *blues mama* de los primeros años del siglo xx en un álbum formidable, lleno de energía, pasión y originalidad estilística. Sorprendente

en el Blues Festival de la ciudad, y por ello la ciudad está llena de referencias (B.B. King Road, Lucille St. y Delta Blues St.), y por ello se le ha dedicado un fantástico **B.B. King Museum** and Delta Interpretative Center (400 Second Street), un proyecto de 15 millones de dólares

Tumba de Elmore James en Ebenezer

abierto en 2008, que recorre la vida del gran bluesman. Aquí encontramos filmaciones, recuerdos, guitarras e incluso la reconstrucción del edificio de ladrillos en el que King trabajaba en la década de 1940. En el Blues Archive de la Universidad de Mississippi (entre más de 60.000 piezas audiovisuales), está su colección privada de discos.

En Greenwood se escribió la palabra fin en la leyenda de Robert Johnson. En agosto de 1938, cuando se encontraba en el **Three Forks** (un *juke joint* en el cruce entre la Highway 82 y la 49E) Johnson bebió whisky envenenado: se lo había suministrado el propietario del local, celoso por las atenciones que el bluesman prodigaba a su mujer. Hoy en día ya no existen ni el Shaples General Store (en cuya parte trasera estaba el Three Forks) ni el propio local: sólo queda una rotonda en el cruce entre ambas carreteras. Pero están las tres tumbas que recuerdan la existencia del que fue definido como «King of Delta Blues». Aunque, en el magnífico documental *In Search of Robert Johnson* se sostiene que el bluesman fue sepultado en un campo (las llamadas «pauper's grave», las tumbas de los pobres), otras investigaciones parecen indicar que los restos de Johnson se encuentran en una tumba anónima del cementerio de la iglesia baptista de Mount Zion, cerca de Greenwood. Aquí hay hoy un monumento (pagado por Columbia Records) con los títulos de sus 29 blues

UNA GUITARRA LLAMADA LUCILLE

La legendaria Gibson de B.B. King

En invierno de 1949, B.B. King estaba tocando en un local en Twist, Arkansas. Hacía frío, y los gerentes decidieron calentar el club con barriles de keroseno. Pero durante el concierto del bluesman dos hombres se enzarzaron en una pela. En medio de la refriega, uno de los barriles se volcó y el local se incendió. B.B. King, a pesar de las llamas, que causaron dos víctimas, logró salvar su guitarra, una queridísima Gibson que en su época costaba 30 dólares. Descubrió entonces que los dos hombres se habían peleado porque se disputaban la misma mujer, una tal Lucille. A partir de aquel momento, B.B. decidió llamar «Lucille» a sus guitarras, casi todas Gibson ES-335 negras. En 1968, B.B. King grabó el tema «Lucille», en el que contó la historia de su guitarra y del porqué de su nombre, y en 1980 Gibson decidió producir un modelo de serie llamado «Lucille».

B.B. King Museum en Indianola

KEY TO THE HIGHWAY
B.B. KING & ERIC CLAPTON

BANDA SONORA ★★★

La «highway» en cuestión no es explícitamente la 61, pero también podría serlo. Compuesto en la década de 1930 por Charles Segar y Big Bill Broonzy, este tema se convirtió en un clásico: este dueto constituye un ejemplo formidable. Rutilante.

y una inscripción firmada por Peter Guralnick. Otra tumba, con la leyenda «Resting in Blues», se halla en el cementerio de la **Payne Chapel** de Quito. Pero según nuevas investigaciones realizadas por el historiador Stephen LaVere, los restos de Robert Johnson podrían encontrarse bajo un nogal, en el cementerio de la iglesia de Little Zion, también cerca de Greenwood. Junto a todas ellas cada día dejan decenas de púas los admiradores y guitarristas que, quizás, un día, imaginaron también vender su alma al diablo a cambio del talento artístico. En las lápidas, la reproducción del mensaje de despedida, escrito a mano por el gran bluesman poco antes de morir y conservado para la posteridad por su hermanastra Carrie, reza: «Jesús de Nazaret, rey de Jerusalén, mi redentor, sé que existes y que me llamarás desde mi tumba». Muchos dicen que, en el momento en que se lee, se tiene la impresión de que Satanás se asoma y sonríe burlón...

«EN LOS DISCOS DE BLUES DE LOS AÑOS TREINTA ESTABA EL SONIDO DEL MISSISSIPPI, LAS ATMÓSFERAS DEL DELTA, EL SUDOR DE LOS TRABAJADORES DE LAS PLANTACIONES DE ALGODÓN»

Muddy Waters

WELCOME TO
MUSIC CITY USA

De paseo por las calles de Nashville, una ciudad que es dos veces capital: del estado de Tennessee y de la música country. Basta ponerse un Stetson y un par de botas de cowboy para sentirse a gusto. Y, con un banjo en bandolera, incluso se puede soñar con realizar un dueto con Emmylou Harris...

La han definido como la «Atenas del sur de los Estados Unidos» a causa del elevado número de institutos y universidades que atraen a estudiantes de todas partes del país. Y, justo para remachar el concepto, en el centro del Centennial's Park, el parque principal de la ciudad, en 1897 se erigió una réplica exacta (e íntegra) del **Partenón**.

La réplica 1:1 del Partenón de Atenas

También hay quien la considera desde siempre una plaza fuerte de la industria médica: son más de 300

«EN NASHVILLE HAY ARTISTAS QUE DECUPLICAN MIS CAPACIDADES COMO INTÉRPRETE, CANTANTES QUE CANTAN MEJOR QUE YO, AUTORES QUE ESCRIBEN MEJORES CANCIONES. NASHVILLE ES UNA FORJA DE TALENTOS»

Garth Brooks

las compañías que operan en este campo, produciendo una facturación anual superior a los 30.000 millones de dólares, y que dan trabajo a más de doscientas mil personas.

También hay quien la ve como «el Vaticano de los protestantes» o como la hebilla del Cinturón de la Biblia, porque acoge casi 700 iglesias, muchísimos seminarios y un floreciente comercio de *christian music*.

Y aunque algunos se obstinan en llamarla «Little Kurdistan» (aquí vive la mayor comunidad kurda de América) o «Hot Chicken Capital», porque aquí nació la versión más picante, especiada y gustosa del tradicional pollo frito, en el imaginario de los estadounidenses (y no sólo de ellos) Nashville es la indiscutible capital de la música country, única e inimitable «Music City Usa». Aquí se encuentran casas discográficas, agencias de promoción de conciertos, management de artistas, oficinas de prensa y relaciones públicas, estudios de grabación, ediciones musicales, incluso decenas de emisoras radiofónicas y dos canales temáticos de televisión, pero también teatros, clubes y locales de actuación, tiendas de discos, de libros y de instrumentos, así como los *show room* de todos los que se ocupan del *look* de las estrellas reales o presuntas. En total, el negocio de la música en Nashville produce una facturación un poco inferior a los 10.000 millones de dólares y ocupa, tan sólo en el área de la ciudad, a más de veinte mil personas.

Fue David Cobb, un disc jockey de la emisora radiofónica WSM, quien acuñó el apodo al principio de la década de 1950: desde entonces, este apelativo se ha impuesto y nadie se ha atrevido jamás a discutirlo. Hasta el punto de que, cuando se aterriza en el Nashville International Airport nos acoge esta misma inscripción «Welcome to Music City Usa» y una miríada de imágenes (sombreros, botas, guitarras acústicas, banjos y violines) que remiten inequívocamente al mundo country.

La historia musical de Nashville se originó a mediados de la década de 1920, en la misma emisora radiofónica desde la que luego transmitiría David Cobb, la WSM. Procedente de Chicago, se organizó un show de música

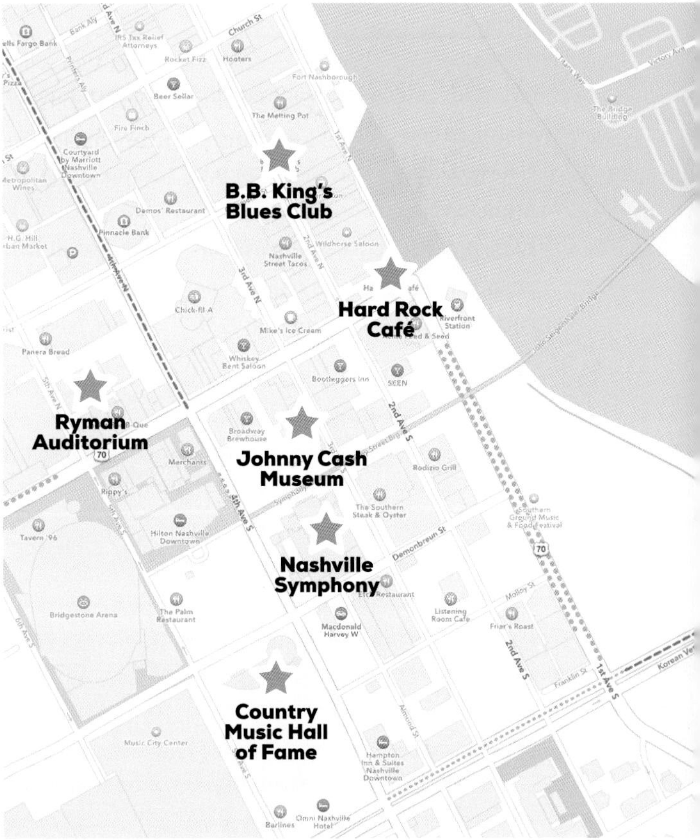

Ryman Auditorium, la casa del Grand Ole Opry

old time (uno de los denominados «barn dance», ideado por un tal George D. Hay) que se emitió por primera vez el 25 de noviembre de 1925. A partir de 1927, se haría popular con el nombre de «Grand Ole Opry» y entró en la historia. Esta cautivadora (y habilísima) mezcla de música en vivo, comicidad y anuncios publicitarios, sería el escenario para grandes y pequeñas estrellas de la música country, desde la Carter Family hasta Hank Williams, pasando por el bluegrass de Bill Monroe, el violín de Roy Acuff, el banjo de Uncle Dave Macon y las parodias de Minnie Pearl. Y se convirtió en el show musical más longevo del mundo, ya que sigue en antena hoy en día. De hecho, después de algunas incursiones en la televisión en las décadas de 1980 y 1990, el programa, con el subtítulo de «The show that made country music famous», sigue de nuevo en

«EN NASHVILLE MUCHAS MUJERES SE HAN CONVERTIDO EN GRANDES ESTRELLAS: HAN TENIDO LA POSIBILIDAD DE DEMOSTRAR QUE PODÍAN SER TAN BRILLANTES COMO LOS HOMBRES»

Loretta Lynn

GRAND OLE OPRY:

El destino en el nombre

El 10 de diciembre de 1927, el presentador George D. Hay respondió al conductor del programa anterior, que había sentenciado: «En la música clásica no hay espacio para el realismo». «Bien –comentó Hay– ahora saborearemos juntos tres horas de puro realismo. Y si el show que acaba de terminar nos ha permitido escuchar música procedente de la gran ópera, nosotros proponemos un Grand Ole Opry». De esta manera lanzó al escenario a DeFord Bailey, mago de la armónica. Aquel gracioso neologismo («Grand Ole Opry», que venía a significar «la gran vieja ópera», pero con el acento alterado para que el nombre sonara más antiguo y entrañable) se convertiría en el título del espectáculo de George Hay.

el aire cada sábado por la noche en la vieja WSM y en la radio por satélite Sirius.
El característico repetidor de la WSM, una antena en forma de diamante de la Blaw-Knox, se puede ver desde la Interstate 65, cerca de la salida 71, a la altura de Brentwood, al sur de Nashville. Cuando fue construido, en 1932, con sus 250 metros, era la antena más alta de Norteamérica.
De 1943 a 1974, el Grand Ole Opry tuvo una sede: el **Ryman Auditorium** (en el 116 de la 5th Avenue North), la «Mother Church of Country Music».
Construido por el capitán de barco fluvial Thomas Ryman a finales del siglo XIX, el auditorio fue concebido como lugar de culto dedicado a la música gospel. El característico edificio de ladrillos rojos, con tejado a dos lluvias, puede albergar a 2.362 personas sentadas. Además del Grand Ole Opry, el Ryman (que desde 1971 está inscrito en el National Register of Historic Places) acogió el Johnny Cash Show, así como una miríada de conciertos de las mayores estrellas de rock del planeta, desde Elvis hasta Bob Dylan. En 2006, Neil Young rodó allí la película-documental *Heart of Gold*, dirigida por Jonathan Demme, mientras que, entre otros, Robert Altman (*Nashville*), Clint Eastwood (*Honkytonk Man*) y Michael Apted (*Coal Miner's Daughter*) ambientaron en el Ryman algunas escenas de sus películas.
Asistir a un concierto en el interior del Ryman constituye una experiencia inolvidable. Pero igualmente emocionante (e instructiva) puede resultar la visita guiada. Se puede efectuar diariamente, permite ver incluso el *backstage* y los camerinos, a los que se han dado nombres de personajes históricos, desde Johnny Cash hasta Hank Williams. Y de esta manera, durante unos minutos, el visitante puede soñar con ser una estrella de la música country.
Desde 1974, el Grand Ole Opry se ha trasladado a una nueva sede: la **Grand Ole Opry House**, 4.000 plazas sentadas, en el centro del parque temático de Opryland. Después de su cierre en 1999 y la obertura de Opry Mills, gigantesco mall comercial en la misma área a media hora del centro de la ciudad, la House sigue operando, sobreviviendo incluso a la inundación de 2010.
El Ryman (www.ryman.com) es el lugar ideal para comenzar un tour musical de Nashville.
También en la 5th Avenue (pero esta vez South, en el número 222) está el **Country Music Hall of Fame and Museum**, uno de los lugares más bonitos, interesantes y sugestivos de la ciudad.

«NASHVILLE ES MI CASA: ME HA DADO LA POSIBILIDAD DE HACER LO QUE ME GUSTA MÁS»

Taylor Swift

Inaugurada en 1961, la institución acoge a los artistas más importantes de la historia de la música country (cada año se añaden tres más) e incluye un magnífico museo que abrió el 1 de abril de 1967.
El 17 de mayo de 2001, la sede fue trasladada a la 5th Avenue: un proyecto de 37 millones de dólares ideado por la primera compañía de arquitectos locales, Tuck-Hinton. Desde arriba, el edificio tiene la forma de

BANDA SONORA

GIRL FROM THE NORTH COUNTRY

Bob Dylan & Johnny Cash – *Nashville Skyline* (1969)

Dos gigantes frente a frente. Para ambos, en la década de 1960, Nashville parecía en las antípodas, una ciudad conservadora y reaccionaria. Y sin embargo, allí redescubrieron Dylan y Cash las raíces y una folk song que los unió para siempre. Sorprendente.

Country Music Hall of Fame and Museum y póster de Hatch

una clave de fa, mientras que, visto de frente, presenta toda un ala con ventanas que reproducen el teclado de un piano. Además de exposiciones permanentes (es preciso no perderse el Cadillac de Elvis de 1960, completamente dorado), filmaciones y galerías fotográficas que narran la historia de la música country, el museo presenta frecuentes muestras nuevas y diferentes series de eventos en directo.

En el pasado, futuras estrellas del country como Kathy Mattea o Trisha Yearwood trabajaron como guías del museo.

Hasta el hall del edificio se ha trasladado desde hace poco la tienda de los hermanos Hatch, el **Hatch Show Print**. Fundada en 1879, esta pequeña compañía familiar se ha convertido en una auténtica institución en el arte del póster.

Ya se tratara de un circo, un vodevil, un *minstrel show* o de cualquier concierto, Will T. Hatch tenía el cartel adecuado. Fantasiosos, originales y creativos, los pósters de Hatch contribuyeron al éxito de miles de eventos y no sólo en el campo de la música country: Cab Calloway, Bessie Smith, Louis Armstrong o Duke Ellington quedaron inmortalizados por la tipografía de Hatch. Y aún hoy, el Hatch Show Print crea, produce e

BANDA SONORA

CONGREGATION

FOO FIGHTERS FEATURING ZAC BROWN - *SONIC HIGHWAYS* (2014)

Grabado en Nashville con una de las últimas estrellas del New Country. Las «autopistas sónicas» de Dave Grohl no podían dejar de detenerse en la capital de Tennessee. Regenerador.

En la madriguera del lobo:

DYLAN EN NASHVILLE

Después del homicidio de Martin Luther King y de Robert Kennedy, en el momento más dramático de la guerra del Vietnam, a pocos meses de la elección del nuevo presidente (el republicano Richard Nixon), Bob Dylan sorprendió a propios y extraños yendo a grabar su noveno álbum en Nashville, la capital del conservadurismo y de la reacción. Y lo hizo en dueto con Johnny Cash, personaje siempre controvertido a los ojos de la opinión pública. En realidad, la decisión de Dylan tenía un objetivo artístico preciso: una inmersión en lo que Gram Parsons consideraba «la forma más pura de la música americana», el country. Músicos de talento como Norman Blake, Charlie Daniels o Charlie McCoy dieron credibilidad al proyecto. El resto lo pusieron algunas canciones acertadas («Lay Lady Lay», principalmente) y una apuesta hábil: un dueto con Johnny Cash que le valió una gran promoción en televisión (Cash presentaba el programa más popular de los Estados Unidos). El resultado fue que *Nashville Skyline* fue uno de los álbumes de mayor éxito comercial de toda la carrera de Dylan.

imprime cinco o seis mil pósters cada año, además de ofrecer sus servicios a numerosos editores.

La tienda está abierta al público y se puede visitar cada día. Con el mismo ticket de entrada es posible acceder al **estudio B de la RCA** (en la esquina entre Music Square West y Roy Acuff Place).

Construido en 1957, está considerado la cuna del Nashville Sound, es decir, de aquel sonido brillante, a base de coros y de grandes orquestas que, por primera vez a finales de la década de 1950, llevó a la música country a territorios pop y mainstream.

En estos estudios se han grabado 35.000 canciones, de las que al menos mil fueron grandes éxitos. Sólo Elvis efectuó cerca de 200 grabaciones.

El estudio B de la RCA se encuentra en medio del denominado «Music Row», el corazón de la industria musical de Nashville. Ubicado en el suroeste del centro urbano, entre la 16th y la 17th Avenue, acoge la sede de centenares de oficinas que, de una manera o de otra, se dedican al coun-

El estudio B de RCA Victor

La estatua de Owen Bradley

try, al gospel y a la *christian music*, hasta el punto de que el nombre «Music Row» se ha convertido en sinónimo del negocio de la música en Nashville.

En la confluencia de Demonbreun Street, 16th Avenue y Music Square East se halla el **Music Row Roundabout**, una rotonda que regula el flujo viario de la zona. En su interior, desde 2003, hay una escultura llamada «Musica» que reproduce una serie de bailarines desnudos. La obra despertó sensación y desencadenó reacciones polémicas por parte de grupos de tradicionalistas cristianos. Al oeste está el parque dedicado a Owen Bradley, junto a Chet Atkins el músico-productor que contribuyó a la definición y al éxito del sonido de Nashville. En el parque hay una estatua de Bradley sentado al piano.

Uno de los puntos de mayor interés es **Broadway**, la arteria principal de Nashville, que parte de la 1st Avenue, justo a la altura del río Cumberland, y llega hasta la 21st Avenue, cerca del campus de la Vanderbilt University.

El lower side de Broadway es la patria de locales y tiendas legendarios. Entre estos, el célebre **Gruhn Guitars**, uno de los comercios más conocidos de instrumentos de época de todo el país. Fundado en 1970 por George Gruhn (auténtico gurú de las guitarras vintage), a partir de 2013 la tienda se trasladó desde su sede en el 400 de Broadway, hasta un local más espacioso, en el 2120 de la 8th Avenue. Entrar y ver mandolinas, banjos, dobros y guitarras preciosas colgadas en las paredes de los locales es algo que emociona.

NASHVILLE SOUND

Country goes pop

Hacia finales de los años cincuenta, un grupo de discográficas, productores, músicos y técnicos de sonido logró trasladar el espíritu *honky tonk* de la primitiva country music (violines, banjo, pedal steel guitar y voces nasales) a territorios más suaves y refinados. Steve Sholes, Chet Atkins, Owen Bradley, Bob Ferguson y el ingeniero de sonido Bill Porter fueron los padres de lo que, en la década de 1960, se definiría como «Nashville Sound», y que marcaría el matrimonio entre el country y el pop.

GUITAR TOWN

EMMYLOU HARRIS & THE NASH RAMBLERS - *AT THE RYMAN* (1992)

Escrito por Steve Earle, cantado por Emmylou Harris, grabado en vivo en el Ryman: cuando la tradición y la innovación se alían y otra Nashville se superpone a la Music City U.S.A. Excitante.

BANDA SONORA

Los interesados en los instrumentos realmente valiosos son atendidos por Gruhn en persona. Aunque no rebosa simpatía, el tipo es un auténtico pozo de cultura: es autor de los más importantes ensayos y anuarios sobre instrumentos de cuerda de época, y una autoridad absoluta en la materia. En Broadway, en el 411, resiste con coraje la **Ernest Tubb's Records Shop**, una de las tiendas de discos más antiguas de los Estados Unidos. Entre viejos vinilos, carteles originales, libros de época y partituras, en la tienda de Ernest Tubb uno se sumerge en la historia de la música country. Como también en el **Tootsie's Orchid Lounge**, situado justo detrás del Ryman Auditorium. Fundado en 1960 por Tootsie Bess, este lounge es un *honky tonk* famoso por haber dado vida a la carrera de futuras estrellas como Patsy Cline, Waylon Jennings y Kris Kristofferson. Se dice que, después de actuar en público en Tootsie's, Willie Nelson obtuvo su primer contrato.

La histórica tienda de discos de Ernest Tubb

Por fuera, el local, tanto ahora como entonces, está pintado de color lila, y mantiene inalterado el espíritu artístico y la huella humana de Tootsie, famosa por fiar a sus amigos músicos, alimentándolos y, sobre todo, dándoles de beber a todas horas del día y de la noche.

A dos pasos de la tienda de Ernest Tubb, en el 416B, en el edificio que antaño fue sede de la firma Sho-bud, prestigiosa marca de pedal steel guitar, desde finales de la década de 1980 se ha instalado uno de los *honky tonk bar* más excitantes de los Estados unidos. Creado por Robert Moore, hoy se llama **Robert's Western World**, y se ha hecho famoso entre los aficionados por la calidad de la música que proponen. La banda de hillbilly, country y swing BR5-49 grabó allí el exitoso *Live from Robert's* (1996), y a partir de 2010 el local es la sede de Bluegrass On Broadway, evento vinculado a la International Bluegrass Music Association.

A propósito de música bluegrass: en Nashville hay uno de los locales

Tootsie's Orchid Lounge, donde debutaron las leyendas de la música country

más queridos por los aficionados. Se llama Station Inn (402, 12th Avenue South), fue fundado en 1974 por un grupo de músicos y desde 1978 se encuentra en su sede actual, donde ha consolidado su fama y credibilidad. Aquí han tocado todos, desde Dolly Parton hasta Gillian Welch, además de los nombres históricos del bluegrass y celebridades varias como Mel Gibson y los U2. En la parte más baja de Broadway, en el 119 de la 3rd Avenue South, encontramos el magnífico **Johnny Cash Museum**. Inaugurado el 30 de mayo de 2013, sustituye al de Hendersonville (House of Cash), situado en la célebre casa junto al lago en la que Johnny Cash vivió muchos años con June Carter y que quedó inmortalizada en el célebre videoclip de *Hurt*. Adquirido en 2007 por Barry Gibb, de los Bee Gees, este edificio histórico se quemó

OPRYLAND, EL DISNEYLAND COUNTRY

A finales de la década de 1960 se comenzó a plantear la posibilidad de dotar al Grand Ole Opry de una sede con mayor capacidad que el Ryman Auditorium. La WSM adquirió una parcela de terreno en la periferia de Nashville, y ahí se comenzó a construir un parque temático que pudiera acoger la nueva casa para el Opry. El 30 de junio de 1972 se abrió al público **Opryland USA**, «el Disneyland del country», un parque temático con atracciones, tiendas, restaurantes y bares centrados en la música. Porque, en efecto, los espectáculos de música norteamericana (country, blues, gospel, rock y jazz) son más originales y fascinantes que las montañas rusas y otras atracciones similares que también están presentes en el parque. Durante toda aquella década, Opryland fue un formidable éxito comercial, con una media de dos millones de visitantes al año. En marzo de 1974 se inauguró la Grand Ole Opry House, nueva sede del show radiofónico, mientras que en 1977 se abrió el Opryland Hotel que, durante unos años, ostentó el récord de «hotel más grande del mundo». En 1979 nació el Roy Acuff Theater, dedicado a los musicales. En la década de 1980, después de un par de cambios de propiedad, Opryland se expandió todavía más: se añadieron nuevas atracciones y se abrieron más secciones del parque. En el interior también había oficinas y estudios de las dos televisiones temáticas sobre el mundo country: The Nashville Network y Country Music Television. A principios de los años noventa, en virtud de la competencia de algunos parques similares (como el Kentucky Kingdom y el Dollywood de Dolly Parton), la estrella del Opryland se apagó. Las primeras noticias de cierre comenzaron a circular en 1997 y, en verano de 1999, Opryland murió. En mayo de 2000, de sus cenizas nació Opry Mills, gigantesco *outlet* comercial que sigue albergando la Grand Oley Opry House.

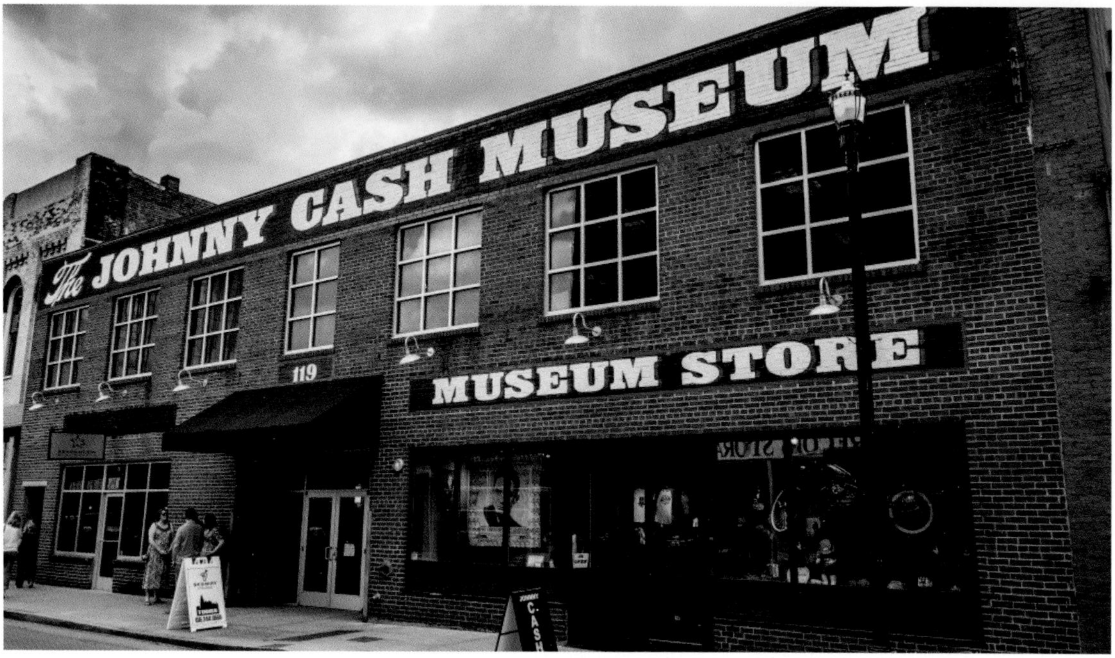

La nueva sede del museo de Johnny Cash

por desgracia durante las obras de restauración. El nuevo museo de Nashville, dirigido por el coleccionista Bill Miller, es todavía más bonito y completo. Lo testimonian los hijos de Cash, John Carter y Rosanne Cash, además del ex vicepresidente Al Gore, que lo definió como «un museo de nivel internacional y un nuevo e importante atractivo turístico para la ciudad de Nashville». En su interior hay escaparates repletos de prendas de vestir, instrumentos, carátulas de discos, carteles y manuscritos. Pero todavía más interesante es el recorrido histórico constituido por filmaciones y grabaciones de audio: en definitiva, una inmersión total en la vida personal y artística de una de las grandes leyendas de la música y de la cultura estadounidense del siglo XX.

«SI ERES ACTOR, SUEÑA CON HOLLYWOOD. SI ERES MÚSICO, SUEÑA CON NASHVILLE»

Richie Sambora

Si se quiere conocer a la persona que transformó a Johnny Cash en el legendario «Hombre de negro» y vistió a centenares de estrellas, de John Lennon a Elvis Presley, pasando por los Stones o los Grateful Dead, podemos pasar por el número 800 de Broadway. Allí, en el primer piso del edificio situado en la esquina con la 8th Avenue, se encuentra el taller de **Manuel**. Nativo de Coalcomán, México, discípulo del legendario Nudie de Hollywood, desde hace más de treinta años prescindió de su apellido (Cuevas) y para todos es Manuel, el «rhinestone Rembrandt», el artista del *rhinestone*, los diamantes artificiales que embellecen las prendas western. Es, todavía hoy, el estilista más aclamado y buscado del mundo country.

LOS TESOROS DEL HARD ROCK CAFE

Situado en el número 100 de Broadway, el Hard Rock Cafe de Nashville posee, entre otros, estos cinco «tesoros»:

- La camisa con barras y estrellas que llevó Jimi Hendrix el 16 de mayo de 1970 en el Temple Stadium de Filadelfia y durante los conciertos de verano de 1970 hasta sus dos últimas exhibiciones en los Estados Unidos, en Hawaii, el 30 de julio y el 1 de agosto. Unos días más tarde, Hendrix perdió la camisa, que se había quitado para jugar un partido de ping pong.
- El chaleco hecho a medida para Jimmy Page de la tienda Head East de Hollywood.
- Un Stetson negro que perteneció a Garth Brooks, que llevó durante las grabaciones del Garth Brooks Reunion Show.
- Una guitarra Gretsch que perteneció a Bo Diddley y que empleó durante un especial de la cadena ABC.
- Los zapatos negros con hebillas grises usados por Roy Orbison en sus conciertos de principios de los sesenta.

Manuel (segundo por la izquierda) en el exterior de su taller

Quien aspire a convertirse en una estrella de la música country, no puede perderse el **Bluebird Cafe**. Situado ligeramente fuera de la ciudad, en el 4104 de Hillsboro Pike, este pequeño local de 90 plazas abierto en 1982 acogió el inicio de carreras legendarias. Aquí, Garth Brooks comenzó a actuar antes de atraer la atención de los responsables de Capitol Records; y también aquí, recientemente, una chica rubia de quince años, Taylor Swift dio sus primeros pasos. Inmortalizado en *Esa cosa llamada amor*, bellísima película de Peter Bogdanovich (con River Phoenix), el Bluebird es hoy una marca de prestigio. Ha acogido shows de televisión y también ha «emigrado» a Nueva York. Pero la antigua sede de Hillsboro Pike mantiene inalterada aquella atmósfera relajada en la que los cantautores presentes compartían sus canciones con el público en la sala y con otros colegas cantautores, esperando acaso que, entre las mesas, se ocultara algún cazador de talentos en busca de rostros nuevos. El del Bluebird también es un escenario alternativo en el que lo importante es hacer música. Porque hay «otra cara de Nashville», como cantaban Jason & The Scorchers en la década de 1980, o como lo han hecho posteriormente Steve Earle, Iris De Ment y tantos otros cantautores que viven aquí pero no aspiran a ser superestrellas. Su ídolo es Emmylou Harris, una reina de la música, antes que una de las grandes damas del country de la historia. Una mujer nacida en Alabama, que creció artísticamente en California pero que tiene su casa y su corazón en Nashville, Tennessee.

«NASHVILLE ES UN LUGAR DE EXTRAORDINARIA CREATIVIDAD Y DONDE, A LO LARGO DE LOS AÑOS, SE HA FORMADO UNA COMUNIDAD ARTÍSTICA QUE NO TIENE PARANGÓN»

Kim Carnes

RIDING ON THE CITY OF NEW ORLEANS

Es la ciudad más «musical» de los Estados Unidos y quizás del mundo. No sólo porque fue la cuna del jazz o uno de los principales centros de desarrollo del blues. Y tampoco porque allí, en la década de 1950, se efectuaron las primeras grabaciones de rock'n'roll. En Nueva Orleans (capital de un sonido original, excitante mezcla de rhythm and blues, rock y folk), sonidos, ritmos y melodías tienen una función todavía más importante: dictan el tiempo de la vida.

La llaman «The Big Easy», el lugar en el que todo es fácil.

Donde siempre es fiesta, incluso cuando no se celebra carnaval, el famoso Mardi Gras, segundo en cuanto a importancia tras el de Río. Donde incluso la muerte es una buena excusa para tocar y bailar: un funeral en **Nueva Orleans** no sólo es más divertido que una *party*

Funeral en el French Quarter

Estatua de Louis Armstrong

de cumpleaños en Nueva York, sino que se transforma en una especie de procesión danzante en la que, en segunda línea, detrás de parientes y amigos, hay una marching band que acompaña al son de la música al querido fallecido.

De hecho, esta es justamente la manera de entender y de celebrar la vida (y la muerte) en Nueva Orleans); y es lo que echamos de menos una vez dejamos la ciudad. No es casual que Louis Armstrong y Billie Holiday cantaran «Do You Know What It Means to Miss New Orleans». Justamente el gran Satchmo, uno de los padres del jazz así como hijo predilecto de la Big Easy, es el primero que, emblemáticamente, acoge a los visitantes que llegan a la ciudad en avión: desde verano de 2001, con ocasión del centenario de su nacimiento, el aeropuerto adoptó su nombre. También está dedicado al músico un parque situado en la parte norte de Rampart Street, la calle que marca el límite septentrional del French Quarter, el *vieux carré*, el centro histórico de Nueva Orleans. Allí, bajo un gran arco blanco, se halla la entrada del **Louis Armstrong Park**, donde surge un imponente monumento del legendario jazzista: una estatua de tres metros de alto, realizada por la escultora afroamericana Elizabeth Catlett, que inmortaliza a Satchmo en todo su esplendor, con la fiel trompeta en su mano izquierda y el ineludible pañuelo en la derecha. En sus 130.000 metros cuadrados de superficie, el parque acoge el auditorio municipal, el **Mahalia Jackson Theater for the Performing Arts** y el **New Orleans Jazz National Historical Park**, creado en 1994 para celebrar los orígenes y las evoluciones del jazz. También hay un busto de Sidney Bechet y una escultura de Buddy Bolden, trompetista mítico a quien, aunque nunca grabó un disco, se considera «el inventor del

«NO EXISTE, EN NINGUNA PARTE, UN LUGAR COMO NUEVA ORLEANS: DONDE ENCONTRAR LA MÚSICA MÁS EXCITANTE, LA COMIDA MÁS SABROSA, LA GENTE MÁS SIMPÁTICA. ES LA CIUDAD MÁS DIVERTIDA DEL MUNDO»

Harry Connick Jr.

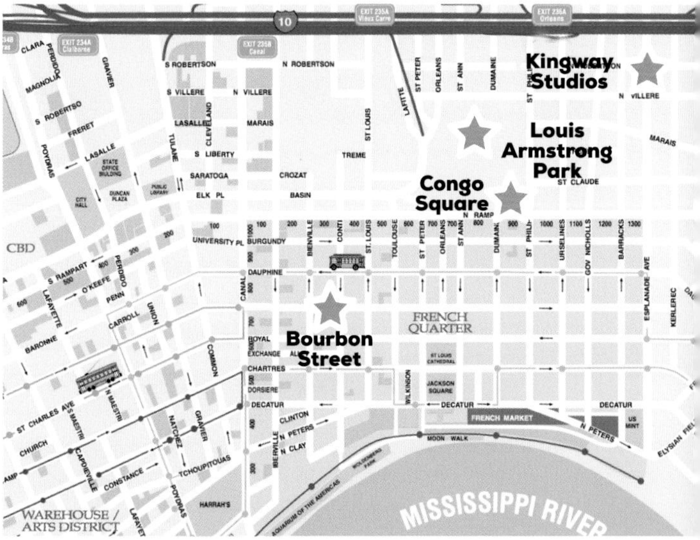

Congo Square hoy

jazz». Se dice de él que el sonido de su trompeta era tan potente que podía hacerse oír de una punta a la otra del Barrio Francés.

A partir de la década de 1960, el parque engloba también la célebre **Congo Square** que, en la época de la trata de esclavos, era el lugar en el que se exponían para ser vendidos a los ricos terratenientes del Sur. Posteriormente, en la Luisiana franco-española del siglo XVIII, en esta misma plaza, los esclavos se reunían en su único día de reposo, el domingo. Después de la histórica adquisición de Luisiana por parte de los Estados Unidos, en la Place des Nègres, nombre que tenía antaño, continuó la tradición y la que, entretanto, fue bautizada como Congo Square, acogió mercadillos y tenderetes, pero sobre todo se convirtió en el lugar en el que se podían cantar, tocar y bailar músicas de origen africano. La costumbre prosiguió a lo largo de los años, reforzándose cada vez más. A partir de finales del siglo XIX, Congo Square es un punto de referencia para quien quiere asistir a espectáculos musicales y de danza: mucha de la música para bandas, originaria del primer jazz, nació aquí.

A un centenar de metros del Louis Armstrong Park, en la esquina entre Conti y Basin Street, se halla el cementerio urbano más antiguo, el majestuosamente decadente **St. Louis Cemetery No. 1**. El lugar

NUEVA ORLEANS

¿Pero cómo se pronuncia?

Es una de las preguntas más frecuentes, y no sólo entre extranjeros: incluso los norteamericanos, y hasta los propios residentes de la ciudad muestran todavía alguna duda. ¿Cómo se pronuncia Nueva Orleans? Existen tres posibilidades. La primera, la más difundida, es una pronunciación de tres sílabas con acento en la o: Niu Órlins.

La segunda, utilizada a menudo en las canciones, cuenta con la misma división en tres sílabas, pero el acento esta vez se desplaza a la segunda i: Niu Orlíns.

La erre, en ambos casos, es leve pero no está ausente del todo, como sí sucede en la tercera hipótesis, la preferida por los afroamericanos: dos sílabas con acento que cae casi entre la u y la o (NúÓlins) y una erre prácticamente inexistente.

BANDA SONORA

DO YOU KNOW WHAT IT MEANS TO MISS NEW ORLEANS

LOUIS ARMSTRONG AND BILLIE HOLIDAY - *OST NEW ORLEANS* (1947)

La canción más nostálgica y romántica entre las mil dedicadas a la Crescent City. Escrita por Eddie DeLange y Louise Alter, está interpretada por una pareja de ensueño: la fantástica Lady Day y el corazón y la mente del jazz de Nueva Orleans, Louis «Satchmo» Armstrong. Conmovedor.

ocupa un lugar en el corazón de rockeros y viejos hippies porque fue el escenario de una de las escenas más famosas (y más psicodélicas) de la película *Easy Rider*: en ella, Wyatt (Peter Fonda) y Billy (Dennis Hopper), junto a sus amiguitas, efectúan un viaje lisérgico que culmina en la realista declaración de amor-odio de Fonda por su madre, que se suicidó. El monumento bajo el que se rodaron las escenas de la película es el más alto del cementerio y se puede reconocer fácilmente por la inscripción «Italia» en el frontón.

A poca distancia está la **tumba de Marie Laveau**, la célebre sacerdotisa de vudú. La tumba es una meta continua de visitantes y una auténtica atracción del cementerio: de Dr. John a Jimmy Buffett, son decenas los artistas que le han dedicado una canción, y sobre el sepulcro se dejan a diario objetos, flores, mensajes. Se dice que Nueva Orleans se encuentra 3 metros por encima del nivel del mar, a 6 grados de latitud y a 9 de longitud. Para quien cree en ello, el 3, el 6 y el 9 están considerados números mágicos, y en Nueva Orleans la magia desempeña un papel cuanto menos tan importante como la música. Las migraciones del Caribe (Haití y Cuba) importaron a la ciudad los ritos vudú, forma de magia negra pintoresca pero también bastante sanguinaria que, aparte de traducirse en la indumentaria y en la iconografía, resuena también en la música. Las influencias tribales y mágicas que muestran claramente algunas canciones son retazos de estos ritos que, según el testimonio de mucha gente, siguen hoy vivos y vigentes.

«ES LA CIUDAD CON MAYOR RESPETO POR LAS TRADICIONES, POR SU PROPIO PASADO. BASTA VER SUS CEMENTERIOS: NUEVA ORLEANS ES EL MEJOR LUGAR PARA VIVIR Y... PARA MORIR»

Bob Dylan

Easy Rider, la escena del cementerio St. Louis #1

La parte occidental del cementerio está rodeada por viejos edificios abandonados, que sin embargo combinan perfectamente con la arquitectura decadente del St. Louis No. 1. Son los restos de las casas victorianas

«SI NUEVA ORLEANS DESAPARECIERA, EL MUNDO PERDERÍA BUENA PARTE DE LA HISTORIA DE LA MÚSICA MODERNA»

Ray Davies (The Kinks)

que antaño constituían el área llamada Storyville, el barrio de luces rojas que acogía locales frecuentados por marineros, militares y libertinos. Aquí, los músicos de jazz y blues proporcionaban la banda sonora ideal para favorecer encuentros, por decirlo así, románticos. Hoy, Storyville sólo vive en los recuerdos: la escena en directo se ha trasladado, para gozo de turistas y apasionados, al maravilloso **French Quarter**.
El núcleo más antiguo de la ciudad, delimitado por Esplanade Avenue al

La tumba de Marie Laveau

NUEVA ORLEANS, ¿UN NUEVO HOLLYWOOD?

Desde los tiempos de *Lo que el viento se llevó*, Nueva Orleans y Luisiana han sido el escenario de decenas de películas de éxito. La primera que viene a la cabeza es *Querido detective* (1986), un thriller húmedo y sexy interpretado por Dennis Quaid y Ellen Barkin, con una banda sonora de aúpa, un auténtico cóctel de zydeco, rhythm and blues y New Orleans Sound, con los nombres más famosos de la ciudad. Y si todos aquellos que tienen la edad para hacerlo recuerdan las escenas de *Easy Rider* (1969) ambientadas durante el Mardi Gras y pocos han olvidado la inquietante investigación de Kevin Costner en la intrigante *JFK* (1991) de Oliver Stone, hay quien será todavía más fan de *Corazón salvaje*, obra maestra de David Lynch, con Nicolas Cage, Laura Dern, Isabella Rossellini, Harry Dean Stanton y Willem Dafoe. Nicholas Cage tiene un vínculo particular con Nueva Orleans, ya que vuelve al lugar del delito en 2009 como protagonista de la película de Werner Herzog *Teniente Corrupto*, un nuevo thriller, ambientado en los días posteriores al Katrina. Mezcla de cine negro, de terror y fantástico es *El corazón del ángel*, de Alan Parker. Mickey Rourke es un detective que se topa con un tal Louis Cyphr (Robert de Niro) que lo involucra en un caso intrincado ambientado en Nueva Orleans, entre vudú y visiones diabólicas (Louis Cyphr será en realidad el seudónimo de Lucifer). Finalmente, *Entrevista con el vampiro* (1994) –con el póker estelar Tom Cruise, Brad Pitt, Christian Slater y Antonio Banderas– rinde homenaje a la ciudad pero también a una de sus hijas predilectas, la escritora Anne Rice, en cuya novela homónima se basa la película.

BANDA SONORA ★★★

IKO IKO

DR.JOHN - *DR.JOHN'S GUMBO* (1972)

El clásico tradicional de los Mardi Gras (que alcanzó el éxito con las Dixie Cups, en 1965) propuesto de nuevo por uno de los gurús de la música de Nueva Orleans, el «Night Tripper» Dr. John.

Un poco de todo en este disco: ritmos tribales, magia vudú, R&B superpicante y sensualidad arrolladora. Afrodisíaco.

norte, por el río Mississippi al este, por Rampart Street al oeste y por Canal Street al sur, totaliza 78 «square block» (poco menos de dos kilómetros cuadrados) cuyos edificios de los siglos XVIII y XIX embellecen las callejas del barrio con una fascinación única e inimitable. Disfrutar de un almuerzo, un aperitivo o una cena en una de las terrazas de hierro forjado de las casas, siempre, en todo caso, bajo un ventilador, es un must para todos aquellos que, al menos una vez en la vida, han logrado poner el pie en la «ciudad de la luna creciente». «Crescent City» es otro de los apodos de Nueva Orleans; de hecho, justamente aquí, antes de morir en la tibieza del golfo de México, el **Mississippi** se curva tanto que, desde el aire, da a la ciudad la forma de una media luna. Tal vez no es casual: entre las creencias de la profunda y enraizada espiritualidad de la ciudad también está la que sostiene que justamente la luna y los cuerpos celestes regulan las acciones y las reacciones de todos los seres vivos. Por ello, la noche, todavía más seductora cuando la ilumina solamente «the wink of the moon», la luz de la luna, es el momento más sugestivo para un viaje musical por el French Quarter. Entre calles de nombres evocadores (Basin, Canal, Decatur o Bourbon suscitan fuertes emociones en to-

Terrazas y edificios del French Quarter

New Orleans Jazz en el Preservation Hall

dos los aficionados al jazz, al blues y a otros estilos), artistas callejeros de una brillantez inaudita, locales que emiten notas seductoras, tiendas y boutiques de colores deslumbrantes, el barrio es ciertamente el lugar más famoso de Nueva Orleans. Tan carismático que incluso el huracán Katrina, que destruyó buena parte de la ciudad en verano de 2005, pasó de largo. Y

«HE ESTADO EN NUEVA ORLEANS MIL VECES Y TENGO MIL RECUERDOS DISTINTOS: ES UNA CIUDAD QUE TE CONQUISTA»

Sandra Bullock

de este modo, todavía hoy es posible pasear por **Bourbon Street**, entrar por ejemplo en el **Absinthe Bar**, que gustaba tanto a los Led Zeppelin, que ambientaron la carátula de *In Through the Out Door*. Y si en Decatur se encuentran el **Margaritaville** de Jimmy Buffett y el local **House Of Blues** (que merecen sin duda una visita), en Frenchmen, para los amantes del jazz más refinados está el encantador **Snug Harbor**. Por desgracia, el Café Brasil, en Chartres, un must para todos los auténticos amantes de la música (conocido por ser el lugar en el que Lyle Lovett y Julia Roberts pasaron su primera velada juntos) ya no está, mientras que nadie piensa en cerrar el **Preservation Hall**, en el 726 de St. Peter's. Aquí, en una impagable atmósfera de viejo local en decadencia, es posible asistir a una interpretación de New Orleans jazz (o dixieland, como a algunos les gusta llamarlo hoy en día), ejecutado a menudo por músicos de edad, pero también por jóvenes epígonos, todos ellos consagrados a la preservación, justamente, de sonidos, ritmos y melodías de principios del siglo XX. Con un poco de fantasía, parece justamente que uno se encuentre en uno de los locales de la vieja Storyville.

Los lugares destinados a la música en vivo no sólo están en el French Quarter. Algunos de los locales más famosos –como el **Maple Leaf Bar**, en el que se puede escuchar blues, cajun y zydeco- están en otras zonas de la ciudad. Por ejemplo,

MOON OVER BOURBON STREET

STING – *THE DREAM OF THE BLUE TURTLES* (1985)

Una balada jazz ambientada en Nueva Orleans que embellece el álbum de debut como solista de Sting. Contiene todos los ingredientes: el jazz, Bourbon Street y... la luna. Romántica.

El legendario Tipitina's

en la deliciosa Magazine Street, un paraíso para los amantes del shopping inusual, está The Howlin' Wolf que, a pesar del nombre, alberga a grupos rock. En los límites del barrio se encuentra el Mulate's, restaurante cajun muy pintoresco, en el que se puede oír (y bailar)

La casa de Fats Domino

la música homónima, mientras que en el 1436 de Oretha Castle Haley Boulevard ha abierto sus puertas el **Jazz Market**, una magnífica sala de conciertos con un centro de educación y de desarrollo cultural del jazz anexo, promovido desde sus inicios, en abril de 2015, por Dee Dee Bridgewater. Es más, se está anunciando que volverá a abrir el legendario Dew Drop Inn de LaSalle Street, definido en sus tiempos como «el local nocturno más elegante de todo el Sur», auténtica Meca para los aficionados al jazz, el blues y el rock, y auténtica alternativa al Savoy de Nueva York. El local, que vivió su época de otro entre las décadas de 1940 y 1950, había cerrado en 1972 tras 34 años de gloriosa actividad. En el 501 de Napoleon Avenue, en el límite entre Uptown y el Garden District, se encuentra el famoso **Tipitina's**, uno de los templos musicales de los Estados Unidos. Fundado como tributo al gran pianista Professor Longhair, el local de 1977 ha acogido a la flor y la nata de la música de la ciudad (Neville Brothers, Dr. John, Meters, etc.), además de numerosas estrellas de blues, rock y jazz.

Si bien el huracán Katrina no se cebó en el Barrio Francés, no puede decirse lo mismo con las casas de dos de sus hijos más amados. El formidable rockero Fats Domino, a quien inicialmente se dio por desaparecido pero que luego fue rescatado justamente en el tejado de su vivienda en el **1208 de Caffin Street**, una casita amarilla en cuyo frontón se pueden leer las letras «F» y «D». Y la gran Irma Thomas, sublime cantante de blues que, además de perder la casa, perdió el local que regentaba con su marido Emile, el **Lion's Den**.

Irma Thomas en el Lion's Den

En el interior de su «foso para leones», en la pausa entre un espectáculo y otro, a la propia Irma le gustaba ir a servir a los clientes del local en el mostrador. Irma Thomas, Fats Domino, Dr. John, Neville Brothers, Trombone Shorty, Allen Toussaint, Dirty Dozen Brass Band, los Meters, Wynton y Branford Marsalis, Zachary Richard, Beausoleil y todos los grandes músicos de la ciudad y de Luisiana suelen ser invitados ineludibles del **New Orleans Jazz and Heritage**

NICHOLAS CAGE

y los misterios de la Big Easy

A menudo en Nueva Orleans sucede que muertes sospechosas o misteriosas se asocian a ceremonias vudú, ritos satánicos, maldiciones varias: desde la desaparición de Ylenia Carrisi (hija de Al Bano y Romina Power) en enero de 1994 hasta la trágica muerte, un año más tarde, de Shannon Hoon, líder de los Blind Melon, cuyo cadáver apareció en el autocar de gira aparcado frente al Tipitina's. Es el precio que la ciudad debe pagar a su lado oscuro que, por otra parte, goza de numerosos amantes. Entre estos, uno de los más célebres actores hollywoodienses, Nicholas Cage que, después de haber comprado el Kingsway (el edificio empleado por Daniel Lanois para construir su fabuloso estudio de grabación) ha adquirido LaLaurie House en Royal Street, «la casa más maldita de América». Entre las décadas de 1820 y 1830, madame Delphine La Laurie era una de las señoras acomodadas de la ciudad. En 1834, tras un incendio, se descubrió que en su casa practicaba torturas horribles a sus esclavos, muchos de los cuales habían muerto a consecuencia de los suplicios. Cage, después de haber adquirido una hermosa mansión-capilla del siglo XIX en Garden District (que la Iglesia Católica había bautizado como «Our Mother of Perpetual Help») decidió que, una vez en el más allá, su cuerpo debería reposar cerca de la reina del vudú, Marie Laveau. Y en 2010 se compró un mausoleo en forma de pirámide (con el lema latino «Omnia ab uno» esculpido) en el interior del St. Louis No 1, el cementerio más célebre de Nueva Orleans. ¿Pero por qué una pirámide? Hay quien lo explica diciendo que Cage formaba parte de la secta de los Iluminados; otros sostienen que allí oculta dinero. Pero una cosa es cierta: por primera vez, en un cementerio, una tumba se visita y honora (las fans de Cage dejan la marca de sus labios pintados) antes de que contenga a su inquilino fallecido.

New Orleans Jazz & Heritage, uno de los festivales más increíbles del mundo

Festival que, desde 1970, el último fin de semana de abril y el primero de mayo de cada año, atrae hasta la ciudad a más de un millón de aficionados para asistir a lo que, para algunos, es el festival de música estadounidense más excitante. Fundada por George Wein, el gran empresario que inventó los legendarios festivales jazz y folk de Newport, esta manifestación, desde hace más de cuarenta años, tiene lugar en el **Fair Ground Race Course**, el tercer circuito más antiguo del país, a pocos centenares de metros del French Quarter (la entrada principal se encuentra en el 1751 de Gentilly Boulevard). Aquí, en una docena de escenarios de diferentes dimensiones, de las 10 de la mañana a las 7 de la tarde se puede asistir a lo mejor de la música norteamericana, un compendio de los géneros típicos de Nueva Orleans, desde el gospel al blues, pasando por el cajun el jazz. Entre los centenares de actuaciones, hay tiempo para visitar la atestada zona central donde menudean puestos de varios tipos que proponen objetos de artesanado y cultura local. Y todo y más en lo referente a comida y bebida.

Porque, en efecto, en Nueva Orleans la cocina es una religión. Imposible no dejarse tentar por los suculentos *crawfish*, los deli-

El Café du Monde, los mejores *beignets* de Nueva Orleans

BANDA SONORA

YELLOW MOON

NEVILLE BROTHERS – *YELLOWMOON* (1989)

La familia que, mejor que nadie, encarna el espíritu de Nueva Orleans. la música de los Neville (producida por Daniel Lanois) en su máximo nivel fuera de un escenario. Embriagador.

Daniel Lanois y su Kingsway Studio

ciosos, especiadísimos cangrejos de agua dulce inmortalizados por Hollywood en la película *Forrest Gump*, o por los platos más exquisitos de la cocina criolla, capaz de ensamblar con fantasía y creatividad los «sobrantes» para hacer originalísimas y legendarias recetas «pobres», como el jambalaya (una especie de paella a base de pescado, carne y arroz) o el gumbo (una sopa con especias). También es obligatorio un desayuno (o una merienda) en las mesas del **Café du Monde**, en Decatur Street, cerca de la entrada del French Market, el colorista y perfumado mercado del barrio; acompañados por una taza humeante de café con leche, se sirven los deliciosos *beignets*, gustosísimos buñuelos de directa tradición cajun.

«TODO LO QUE ESCUCHAMOS HOY TIENE UN ORIGEN PRECISO: NUEVA ORLEANS, LA CIUDAD MÁS MUSICAL DEL MUNDO»

The Edge (U2)

Tal vez hay una sola cosa que en Nueva Orleans es más apetitosa que su comida, mejor que su despreocupado estilo de vida, más atractiva que los deslumbrantes colores de sus calles y que el sorprendente calor de sus habitantes, más fascinante que la formidable riqueza de su cultura o que la refinada belleza de su arquitectura. Es su música, por otra parte indiscutiblemente vinculada a estas mismas características. La llaman «New Orleans Sound», y reúne el jazz, el blues, el rhythm and blues, el funk, el cajun & zydeco, el folk y el rock. Los diferentes elementos aparecen mezclados con gusto y dosificados con equilibrio, casi como si se tratara de un gumbo musical. Y justamente como las más intrigantes recetas criollas, el New

RENZO DE ORLEANS

«Conocía el mapa de la ciudad y las callejuelas del Barrio Francés incluso antes de pisarlas. Nueva Orleans está en mi corazón.» Así se expresa desde siempre el actor, cantante y presentador Renzo Arbore, que en 1994 recibió del alcalde Marc Morial las llaves de Nueva Orleans. Pero incluso antes de convertirse en ciudadano honorario, Arbore pasó momentos agradables en la Crescent City, especialmente en los días del Jazz & Heritage Festival. «La manifestación musical más excitante del mundo –explica–, en la que los italoamericanos desempeñan un papel importante. Después de los negros, son la comunidad más numerosa y antigua de la ciudad, establecida a finales del siglo XIX y que contribuyó al nacimiento del jazz. Basta pensar en el mito de Nick La Rocca, cornetista y fundador de la Original Dixieland Jazz Band, el primero en grabar un disco de jazz, en 1917». A Renzo no sólo le apasiona el jazz: adora el New Orleans Sound en general y le encanta la cocina criolla y cajun. «Hay una gran afinidad entre la comida y la música de Luisiana, ambas son calientes y picantes, llenas de olores, colores y alegría de vivir. La gente por la calle toca o pica algo para comer todo el día.» Su plato preferido son los *crawfish*, los cangrejos de río, que le encantan. «Los cuecen en una mezcla picante especial de hierbas y especias –explica–. Me encantan y a menudo me los llevo a casa en un envase especial que los mantiene frescos durante el tiempo que dura el viaje.»

Orleans Sound se ha convertido en una marca de denominación de origen. Sus más celebrados protagonistas (de Dr. John a los Neville Brothers, pasando por Allen Toussaint e Irma Thomas) expresan de manera fantástica sus ritmos sincopados y sus fascinantes y coloristas atmósferas que han atrapado a todo el mundo atrayendo a la ciudad a artistas de cualquier extracción y cultura. Robbie Robertson (líder de The Band), Daniel Lanois (productor de U2, Peter Gabriel y Bob Dylan, así como músico muy apreciado), Trent Reznor (mente y brazo de los Nine Ninch Nails), son sólo algunos de los más prestigiosos exponentes de la música internacional que, fulminados por los sonidos y por la seducción de Nueva Orleans, decidieron trasladarse aquí. Daniel Lanois, artista quebequés y productor codiciado, fue uno de los primeros en trasladarse a las orillas del Mississippi, convenciendo posteriormente a muchos amigos famosos a hacer lo mismo. A finales de la década de 1980, después de firmar junto a Brian Eno la producción de los mayores éxitos de los U2 (entre ellos *The Unforgettable Fire* y *The Joshua Tree*) y haber producido *So* de Peter Gabriel, Lanois adquirió un edificio histórico en el **544 de Esplanade**, en los límites del Barrio Francés, con la idea de transformarlo en uno de los estudios de grabación más impresionantes del mundo. La reestructuración costó más de un millón de dólares, pero al final Daniel pudo abrir su **Kingsway Studio** que, desde entonces, ha acogido alguna de sus producciones más importantes como *Oh Mercy* (Bob Dylan), *Wrecking Ball* (Emmylou Harris) o *Yellow Moon* (Neville Brothers). En el Kingsway, Lanois también grabó *Acadie*, su primer álbum como solista y claro homenaje a sus raíces cajun: «Necesitaba encontrar mi identidad y tomar lecciones de historia de la música, y Nueva Orleans ha sido una escuela impagable». A principios de la década de 2000, agobiado por las deudas y fastidiado por una causa

Carátula de *Storyville*, de Robbie Robertson en el Cabildo

legal de una tal Barbara Hoover, que sostenía que había contribuido al éxito legal de Kingsway, Lanois decidió vender los estudios. Hoy, Kingsway ha vuelto a su destino original: un elegantísimo espacio de eventos que se alquila a precios elevados. No lejos de Kingsway se hallaba uno de los estudios de grabación más famosos de los Estados Unidos, el **J&M** de Cosimo Matassa, donde se efectuaron las grabaciones de pioneros del rock'n'roll como Fats Domino o Little Richard. Desde 2010, el edificio, que se encontraba en la esquina entre Rampart y Dumaine (inmortalizado por una placa) es uno de los once lugares históricos a nivel nacional en el elenco establecido por el Rock'n'Roll Hall of Fame and Museum de Cleveland.

Robbie Robertson (The Band), que en 1987 había elegido justamente a Lanois como productor de su homónimo álbum de debut, en 1991 publicó *Storyville* (influido por sonidos, ritmos y el espíritu de la «Big Easy»), grabando parte de su disco justamente en Kingsway. Para la foto de la carátula, Robbie posó frente a los arcos del **Cabildo**, el viejo palacio colonial sede del gobierno en la esquina entre Jackson Square y Chartres. Trent Reznor, líder de la banda Nine Inch Nails –después de vivir en Los Angeles en la mansión en la que la «familia» de Charles Manson, en verano de 1969, asesinó brutalmente a la actriz Sharon Tate y a cinco amigos suyos- se trasladó a mediados de los años noventa a Nueva Orleans, a una bonita casa de Garden District, en el 2425 de Coliseum Street. La puerta de la casa de Sharon Tate y Roman Polanski, en la que sus asesinos escribieron con la sangre de las víctimas la palabra «Pigs» , se la llevó Reznor (con gusto macabro y muy discutible) para convertirla en la puerta de entrada de su Nothing Studio, en el 4500 de Magazine Street. Unos diez años más tarde, tras un largo litigio legal con su socio y mánager John Malm, Reznor tuvo que vender su casa, los estudios de grabación y cerrar Nothing Records.

Las atmósferas oscuras e inquietantes de Nine Inch Nails y del ahijado artístico de Reznor, el reverendo Marylin Manson, habrían gustado a una de las hijas más respetadas de la ciudad de la media luna, la escritora Anne Rice, «la reina de los vampiros». Nueva Orleans inspiró muchas de sus novelas y, tras haber transcurrido en la ciudad gran parte de su juventud, de 1989 a 2004 vivió

BANDA SONORA

THE HOUSE OF THE RISING SUN

THE ANIMALS (1964)

Es el tema más famoso entre los ambientados en Nueva Orleans, una balada folk tradicional que han cantado centenares de grandes artistas. Eric Burdon y los Animals grabaron la versión más conocida, cambiando el sexo del protagonista, que pasa a ser el cliente, y no la prostituta. Pecaminoso.

El beat inglés rinde homenaje a Nueva Orleans

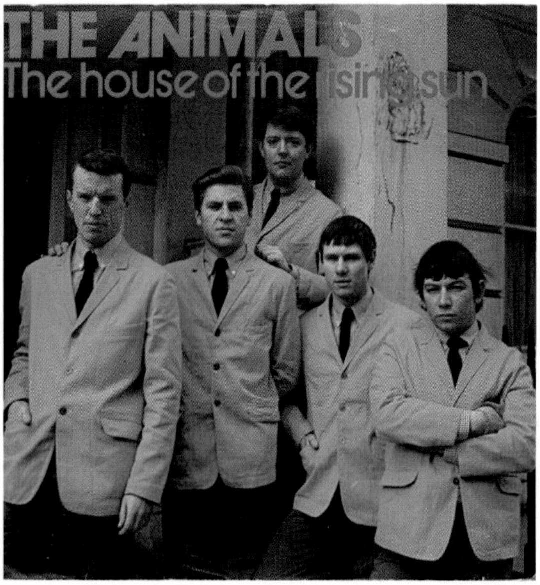

Los barcos de vapor en las aguas del Mississippi, un clásico de Nueva Orleans

con su marido, el poeta Stan Rice, en una imponente mansión del siglo XIX en Garden District, en el **1239 de First Street**. La novelista tomó como modelo su casa para el Mayfair Manor, el lugar en el que viven *Las brujas de Mayfair*, una de las series más queridas de Rice.

Pero si hay una casa que, más que cualquier otra, asocia a Nueva Orleans con la historia del rock es la de la canción «The House of the Rising Sun», una canción folk del siglo XIX que los Animals popularizaron en 1964. La casa del título y del texto es, en realidad, una metáfora de las plantaciones de algodón y de la triste época de la esclavitud, pero hay quien, a partir de Dave Van Ronk, el cantante folk de Nueva York que enseñó la pieza al joven Bob Dylan, sostiene que aquella casa era una cárcel femenina (la Orleans Parish Women's Prison), que tenía un sol naciente a modo de enseña. También hay quien habla de un hotel de mala reputación, el **Rising Sun Hotel**, en Conti Street, y el **Rising Sun Hall**, de Cherokee Street, un lugar en el que pululaban muchachas disponibles, o también un restaurante, el **Rising Sun**, en Decatur. Y si bien una guía turística algo particular (*Bizarre New Orleans*) afirma con certeza que la que hoy se conoce como **Nola Art House** (1614 Esplanade) es en realidad la «casa del sol naciente», Eric Burdon, de los Animals, está convencido de que la casa a la que cantó durante más de cincuenta años es la de **826/830 de St. Louis Street**, es decir, el famoso burdel de Madame Marianne LeSoleil Levant (un nombre que contenía su destino). Su particular ubicación geográfica, en el delta del transitado Mississippi, frente al golfo de México, cerca del mar Caribe y en el centro de la Luisiana francófona, así como las numerosas y diversas influencias culturales siempre han hecho de Nueva Orleans una de las ciudades más vivas de los Estados Unidos. Y desde que, de Congo Square, se elevaban aquellos cantos melancólicos y religiosos que anticipaban en varias décadas la tradición de los espirituales y del gospel, la ciudad ya era una capital de la música. Si hay un lugar en el mundo en el que llenar el depósito de energía, ritmo y armonía, este es Nueva Orleans. Y

«LA MÚSICA ESTÁ EN TODAS PARTES: PUEDES ESCUCHARLA EN CUALQUIER MOMENTO DEL DÍA O DE LA NOCHE»

Allen Toussaint

no es necesario ir por fin de año o durante el Mardi Gras. Ni siquiera en las dos increíbles semanas en las que se desarrolla el Jazz and Heritage Festival. Porque en Nueva Orleans, incluso durmiendo, los sueños tienen el ritmo de la música.

SWEET HOME
CHICAGO

Es la capital del blues que, justo aquí, en las orillas del lago Michigan, se urbanizó primero y luego se electrificó, convirtiéndose en la espina dorsal del rock'n'roll. Pero Chicago no sólo es el principal cruce de caminos de la música del diablo: en sus calles, también han escrito páginas importantes de la historia musical de los Estados Unidos el folk, el jazz, el rock, el heavy metal, el house, el indie y el hip hop.

Su nombre deriva de una antigua palabra india, «shikakaw», que significa «cebolla silvestre», aunque también «lugar de las mofetas». En efecto, porque antaño, en el río que atravesaba la ciudad abundaba una planta endémica, una especie de bulbo del que emanaba un olor acre muy intenso. Similar, en ciertos aspectos al que sale de las chimeneas de la U.S. Steel, la mayor acería del mundo. Su sede se encuentra en **Gary**, Indiana (a menos de media hora del centro de Chicago), población que nació a raíz de la construcción de la gigantesca fábrica, pero que se hizo célebre en todo el mundo, casi sesenta años más tarde, como lugar natal de Michael Jackson y de sus hermanos. Antes de que la Motown les encontrara una residencia más apropiada en Los Angeles, los once miembros de la familia Jackson (entre ellos el patriarca Joe, ex púgil apasionado por la música, que trabajaba precisamente en la U.S. Steel) vivían en Gary, en una minúscula casa con dos habitaciones. «Bastaba dar cinco pasos para llegar a la otra parte de la casa: era más o menos del tamaño de un garaje», explicaba Michael. Tras la muerte del rey del pop, la vivienda (2300 **Jackson Street** porque, en efecto, las calles de la zona adoptan el nombre de la familia) es objetivo de fans y

La casa familiar de Michael Jackson

El skyline de Chicago hoy, y un curioso mapa musical diseñado por Joe Mills

curiosos. En el jardín de enfrente, donde Michael jugaba cuando era pequeño, hay una placa en su memoria. Más de un siglo antes, y en tan sólo veinte años, Chicago había pasado de ser una minúscula avanzadilla militar a convertirse en una importante encrucijada de tráfico, polo productivo de relieve y centro comercial que daba envidia a la Gran Manzana, gracias al canal artificial Illinois & Michigan, completado en 1849, que comunicaba los Grandes Lagos con el río Mississippi y, en consecuencia, con el golfo de México. Pero también el tren, el telégrafo, el Chicago Board of Trade (acaso la primera bolsa del mundo) y los trabajos iniciales de lo que en 1926 se convertiría en la **Route 66**, es decir, la primera arteria en unir el este con el oeste del país (con inicio en Chicago y final en Los Angeles), habían contribuido a convertir a la Windy City en la segunda ciudad más grande de los Estados Unidos (hoy es la tercera).

Por este motivo, en los primeros años del siglo XX, la metrópolis a orillas del lago Michigan comenzó a atraer amplios flujos migratorios procedentes de la

Un local típico del South Side

vieja Europa. En particular de Irlanda, debido a la gran hambruna que estaba flagelando a la Isla Esmeralda. Un tiempo más tarde, Chicago se convirtió en un punto de llegada para los afroamericanos, procedentes de los estados del Sur, en busca de un empleo. Los negros se establecieron en el **South Side**, barrio periférico al sur de la ciudad, justo en el lugar en el que antes que ellos se habían instalado los inmigrantes irlandeses.

«A VECES LAS PALABRAS SON MÚSICA, Y EL NOMBRE CHICAGO SUENA MUY MELODIOSO»

Tom Waits

La convivencia, difícil ya a causa de los hábitos de vida diferentes, pronto devino mucho más tensa a causa de la competición por hacerse con los puestos de trabajo, hasta que degeneró en una auténtica lucha que se saldó con numerosos muertos y heridos. Al cabo de poco tiempo los irlandeses se fueron, dejando el South Side en manos de los negros, que lo convirtieron en una ciudad dentro de la ciudad, en la que la gestión de los servicios y de las diversiones estaba a cargo de la gente de color, que de este modo pudo desarrollar sus propias tradiciones musicales.
En aquellos años, en Chicago, junto a numerosas filiales de compañías discográficas importantes, nació la Bluebird de Lester Melrose, que se jactaba de contar con bluesmen del calibre de Tampa Red, Sonny Boy Wililamson y Roosevelt Sykes. En efecto, entre los inmigrantes que llegaban de los estados del Sur había muchos músicos, la mayor parte de los cuales bluesmen del Mississippi. Personajes como Big Bill Broonzy, Memphis Minnie o Arthur Crudup, que crearon las premisas para la evolución del género en la época «eléctrica»; transición que luego completaron, entre finales de la década de 1940 y mediados de la de 1950, leyendas como Little

La «casa del blues», residencia de Muddy Waters

La tumba de Muddy Waters, cementerio de Alsip

Walter, Elmore James, Howlin' Wolf y Muddy Waters. Durante veinte años, de 1954 a 1974, este último vivió en una pequeña casa victoriana de ladrillos rojos en el 4339 de **S. Lake Park Avenue**, en el South Side. Por este edificio transitaron los mayores bluesmen del planeta para cantar y tocar, o simplemente intercambiar opiniones, con aquel que, cuando llegó a Chicago en 1943, todavía era conocido con su verdadero nombre, McKinley Morganfield.

La tumba de Willie Dixon en Bury Oak

Desde hace un par de años, la casa, que sigue siendo propiedad de la familia, está en peligro y ha pasado a engrosar la lista de los edificios a demoler.

Desde el día de su muerte (30 de abril de 1983), seis meses después de su última actuación pública en un concierto de Eric Clapton, los restos de Muddy Waters reposan en el **Restveale Cemetery de Alsip**, a 35 kilómetros del centro de Chicago. En la lápida no aparece su nombre artístico, «Muddy Waters», sino el de bautismo, con las fechas de nacimiento y de muerte y las leyendas «The Mojo is gone» y «The Master has won», todo ello embellecido por la efigie de una guitarra. En el mismo cementerio reposan muchos otros bluesmen, como Hound Dog Taylor, Papa Charlie McCoy, Big Walter Horton, Valerie Wellington o Luther Tucker. También en Alsip, pero en otro cementerio (el **Bury Oak**) se halla la tumba del mayor autor de blues de la historia, Willie Dixon. Si hablamos de Willie Dixon y del South Side, la mente se dirige a una de las piedras de toque del blues eléctrico y también de toda la historia del rock, a Chess Records. En 1947, tres años después de haber adquirido la Aristocrath Records, dos hermanos emigrados de Polonia (Leonard y Phil Chess) fundaron la compañía discográfica que lleva su nombre. Al cabo de poco tiempo se asociaron con Sam Phillips para publicar «Rocket 88», el single de Ike Turner (pero acreditado a Jackie Brenston y a sus

BANDA SONORA ★★★

HOOCHIE COOCHIE MAN

MUDDY WATERS – *HOOCHIE COOCHIE MAN* (1954)

Un gran clásico escrito por Willie Dixon, publicado por Chess e interpretado por el gran Muddy Waters: en definitiva, la apoteosis del blues de Chicago. Inimitable.

EL CHICAGO DE LOS BLUES BROTHERS

Una de las maneras más curiosas y originales de visitar la Windy City es seguir las huellas de Jake & Elwood, los célebres Blues Brothers, inmortalizados en 1980 por las cámaras de John Landis. La película, que costó treinta millones de dólares, obtuvo una recaudación cuatro veces mayor a pesar de un arranque decepcionante. La formidable banda sonora y el carisma de John Belushi pronto se introdujeron en el corazón de aficionados y cinéfilos, transformando a esta película en una cult movie, que también puede verse como una fantástica guía turística de Chicago. Comenzamos en el sur, en el lugar en el que se desarrolla la escena inicial, es decir, en Joliet, en la Highway 53. Allí se encuentra el **Joliet Correctional Center** (hoy monumento nacional), el penitenciario del que sale Jake acogido por su hermano. Dirigiéndonos a la frontera con Indiana, se llega al Calumet River, el puente que el Bluesmobile (el vehículo usado por los Blues Brothers, un Dodge Monaco de 1974) salta con desenvoltura: es el **East 95th Street Bridge**. Luego seguimos la ruta hacia Chicago, porque Jake & Elwood visitan el orfelinato en el que han crecido, el de Santa Elena del Santo Sudario. La fachada se construyó a propósito en la calle 18 (West). Hoy, obviamente, ya no existe, pero el edificio en el que se «apoyaba» un antiguo almacén sigue ahí .Y allí es justamente el lugar en el que los hermanos encuentran a la hermana Mary (o «The Penguin», como la llaman ellos, interpretada por la nativa de Chicago Kathleen Freeman), y descubren que el orfelinato debe pagar cinco mil dólares de impuestos: Jake & Elwood deciden volver a reunir a su banda con el objetivo de reunir los fondos necesarios. De este modo parten «en misión por cuenta de Dios». La Triple Rock Baptist Church, adonde mandan a los muchachos es, en realidad, la **Pilgrim Baptist Church** (9114 South Burley Avenue / East 91st Street). Atención, el interior, en el que Jake «ve la luz» gracias a las notas de la música del reverendo Cleophus James (James Brown) se reconstruyó en un estudio de Hollywood. Por el contrario, la pensión a la que Jake & Elwood van a buscar a Bones Malone y a Lou Marini aún existe y se halla en Cicero (al oeste de la ciudad), en 1623 51st Court. Los dos músicos tocaban en la sala de baile del Holiday Inn (actualmente, Quality Inn O'Hare Airport, 3801 N. Mannheim Road), pero dicha sala ya no existe. Sí está la **East Lagoon**, donde el grupo de nazis (que se reunían en Jackson Park, a orillas del lago Michigan) terminan en el agua: está en Columbia Drive, un poco más allá del museo de la Ciencia y de la Industria. El Soul Food Restaurant, donde Aretha Franklin ejerce de camarera, frente al que toca John Lee Hooker y donde Lou Marini y Matt Murphy son contratados, se llamaba en realidad Lyon's Deli; hoy es el **Nate's Deli**, y se encuentra en el corazón de Maxwell

El Soul Food Restaurant de Aretha Franklin se llama Nate's Deli

La Triple Rock Baptist Church

Street (807 W. Maxwell), cerca del rastrillo. Todavía es posible ver el Ray's Music Store (regentado en la ficción cinematográfica por Ray Charles), adonde se dirige la banda para adquirir instrumentos y equipo. En realidad es la sede de la **Shelly's Loan Company** (300 East 47th Street): en la fachada que da a Praire Avenue se puede admirar el mural con los retratos de las estrellas de la música negra. El Palace Hotel Ballroom, donde los Blues Brothers celebran su primer concierto de verdad, no se halla en el norte (como se dice en la película), sino al sur: hoy se llama **South Shore Cultural Center** (7059 South Shore Drive). El edificio de 1916, de estilo mediterráneo, ha sido recientemente restaurado. Las escenas de interiores no se grabaron allí, sino en el Palladium de Hollywood. La persecución del Bluesmobile termina en el centro de la ciudad, frente al prestigioso Richard Daley Center, en **Daley Plaza**, en la que hoy domina la imponente escultura de acero encargada a Pablo Picasso y entregada en 1967. Al oeste de la plaza, delante de la entrada de Clark Street, es decir, del edificio del ayuntamiento, el City Hall, el Bluesmobile termina sus correrías.

Los históricos estudios Chess, en el 2120 de South Michigan Avenue

Delta Cats), considerado por muchos aficionados como el primer tema de rock'n'roll de la historia. A este le seguirían centenares de grabaciones destinadas a entrar en el olimpo del blues y el rock, de Howlin' Wolf a Bo Diddley, de Muddy Waters a Chuck Berry, de Willie Dixon a Etta James y Buddy Guy.

De 1956 a 1965, la mayor parte de las grabaciones se efectuaron en los estudios del 2120 de **South Michigan Avenue**, lugar legendario gracias a los Rolling Stones, que lo visitaron por primera vez en peregrinación en junio de 1964 para luego regresar en noviembre del mismo año y finalmente por las dos históricas sesiones del 10 y 11 de mayo de 1965, cuando dieron vida a su formidable hit «(I Can't Get No) Satisfaction». Apoyados por sus ídolos Muddy Waters, Howlin' Wolf y Buddy Guy (que frecuentaban el cuartel general de Chess en aquellos mismos días), los Stones, gracias en parte a los buenos oficios de su mánager Andrew Loog Oldham y a la disponibilidad del hijo de Leonard, Marshall Chess, habían logrado marcar época y lograr que aquel lugar fuera todavía más mítico, gracias a una pieza instrumental de título inequívoco («2120 South Michigan Avenue», justamente). En 1993, Marie (viuda de Willie Dixon) adquirió el edificio de Michigan Avenue, que desde 1997 se convirtió en la sede de la Willie Dixon Blues Heaven Foundation, que organiza visitas guiadas de los estudios Chess y una estupenda programación de conciertos en los jardines del inmueble (Blues Garden Concerts).

Entre finales de la década de 1940 y principios de la de 1950, en el South Side se encontraban numerosos bares que abrían sus puertas a los músicos de blues, el más famoso de los cuales estaba gestionado por Theresa Needham.

En los sótanos del Indiana Manor, majestuoso edificio en el 4801 de South Indiana Boulevard, de viernes a lunes Theresa presentaba música en vivo con bluesmen fantásticos como el cantante e intér-

«LA MÚSICA DE CHICAGO ES LA QUE ME HA DADO MÁS EMOCIÓN E INSPIRACIÓN»

Dave Grohl

BANDA SONORA

CHICAGO

GRAHAM NASH - *SONGS FOR BEGINNERS* (1971)

Originariamente compuesto por Nash para invitar a sus amigos Neil Young y Stephen Stills a seguir el proceso de los Chicago Seven, el tema se convirtió en un sentido más amplio en una invitación a visitar la Windy City. Comprometido.

Un pedazo de historia del jazz y del blues: Theresa's Lounge

prete de armónica Junior Wells y un joven guitarrista de Luisiana, Buddy Guy. El público era negro, adulto y en general formado por obreros de las vecinas acerías, hasta el punto de que cuando estas, a principios de la década de 1980, se vieron obligadas a cesar su actividad, también el **Theresa's Lounge** hubo de cerrar sus puertas. Y aunque recientemente le llegó el turno de interrumpir su trayectoria el igualmente mítico Checkerboard Lounge (en 1981, en el local original en la calle 43, los Rolling Stones participaron en una mítica jam con Muddy Waters), sigue impertérrita la actividad de otro club: se llama **Rosa's Lounge** (3420 W. Armitage Avenue) y lo abrieron a principios de la década de 1980 un músico italiano (Tony Mangiullo) y su madre Rosa, que aquí conoció y se casó con Homesick James. El local ofrece música en vivo cada noche, como otros dos clubes, que forman la «Blues Alley» en el West Side: el **B.L.U.E.S.** (2519 N. Halsted St.) y el **Kingston Mines**, en la otra acera de la misma calle.

Pero desde hace casi treinta años, el club de blues más sugestivo de la ciudad sigue siendo el **Buddy Guy's Legends**, en la zona más central del Loop (700 S. Wabash). En 1985, después de cuatro años de asociación con L.C. Thruman en el Checkerboard Lounge, Buddy decidió disolver la sociedad antes de abrir un local propio. En una de las paredes del Legends están colgadas algunas guitarras de Guy y las de sus amigos más famosos: gente como Stevie Ray Vaughan o Eric Clapton, que a lo largo de los años, a menudo por sorpresa, subieron al escenario de S. Wabash Avenue. En el local se puede comer *soul food* sabrosa y abundante mientras se escucha música. Aún hoy, no es raro que el viejo Buddy Guy (que sigue en activo) venga a hacer una visita. Y cuando esto sucede, sea quien sea el invitado, no se resiste a la tentación de subir al escenario para hacer una jam. Además, de vez en cuando, Buddy organiza justamente aquí fantásticos *stages* que pueden durar hasta un mes entero (como en enero de 2016).

Pero para cualquier aficionado a la música del diablo, el momento ideal para visitar la Windy City es el fin de semana de mediados de junio. Cada año, en el **Grant Park**, el pulmón verde de la ciudad frente al lago de Michigan, en el **Petrillo Music Shell** y en otros cuatro escenarios repartidos por la ciudad se alternan durante tres días los mejores artistas de Chicago y los mayores bluesmen vivos. Fundado en 1984, un año después de la muerte de Muddy Waters, bajo la dirección de Barry Dolins y con la financiación de la ciudad de Chicago, el **Chicago Blues Festival** atrae a medio millón de

Kingston Mines

Buddy Guy's Legends

personas. Por este motivo se le considera con toda justicia el mayor festival de blues del mundo y, aún hoy, constituye una contribución indispensable que convierte a Chicago en la capital mundial de este género de música. En los escenarios del Chicago Blues Festival y en los de los clubes de la ciudad actúan casi siempre los artistas de **Alligator Records**. Este label discográfico, fundado en 1971 por Bruce Iglauer (ex empleado de la Delmark de Bob Koester) sigue publicando álbumes de bluesmen de casta como Koko Taylor, James Cotton, Marcia Ball, Shemekia Copeland, Luther Allison y muchos más. En 2011, con ocasión del cuadragésimo aniversario de la marca, Iglauer festejó también la aparición del álbum número 250 publicado. Alligator tiene sus oficinas no lejos de la Loyola University, en el 1441 de West Devon Avenue.

A partir de 2006, el Grant Park es la sede de otro importante festival, el Lollapalooza. Concebido y creado por Perry Farrell en 1991, fue definido como el «Woodstock de la *alternative nation*». Inicialmente era una caravana itinerante, pero des-

El Chicago Blues Festival

UN TÉ CON LOS SMASHING PUMPKINS

«Me encanta el té, y viviendo en la zona de Highland Park, siempre he deseado que hubiera un sitio como este». Billy Corgan, nativo de Chicago, como la banda que creó en 1988, los Smashing Pumpkins, describe así **Madame ZuZu**, un salón de té estilo art déco que abrió en 2012.

«Es un local para gente sin edad –dice Corgan–. Esperemos contentar a todos aquellos que, sean jóvenes o mayores, deseen mezclar el placer de una buena taza de té con el disfrute del arte.»

Y si en el elegante local (582 Roger Williams Avenue) es bastante improbable que sea Billy quien nos sirva el té con galletas, el 12 de septiembre (día de la apertura), Corgan tocó con dos formaciones acústicas y, en ocasiones especiales, se deja ver gustosamente por su tea house.

Wilis Tower, un símbolo de Chicago

pués de variadas vicisitudes el Lollapalooza ha resucitado gracias a la ciudad de Chicago, que ha financiado (mediante contratos plurianuales) la organización del Festival a orillas del lago Michigan. Aunque, como muchas veces ha subrayado un rockero nativo de Chicago como Steve Albini, «el espíritu original del Lollapalooza ha desaparecido. Hoy representa el peor ejemplo de invasión de las grandes corporaciones en el mundo underground». A pesar de su apodo («Windy City»), Chicago no es una ciudad particularmente ventosa, como tampoco sus habitantes son necesariamente «windy» (fanfarrones). Pero da igual: el apodo está allí, y no disgusta ni siquiera a los lugareños, que en definitiva están orgullosos de sus récords, entre los cuales el de haber albergado, entre 1973 y 1998, el rascacielos más alto del mundo, la **Sears Tower** (527 metros, incluida la antena). Desde 2009 ha sido rebautizada como Willis Tower, y desde su terraza superior se puede admirar una vista extraordinaria de la ciudad.

Por otra parte, en Chicago nacieron McDonald's y el chicle (Wrigley's), aquí fue elegida la primera alcaldesa (Jane Byrne), aquí jugó el que para la mayoría ha sido el mayor jugador de baloncesto de la historia (Michael Jordan), aquí hicieron su

Old Town School of Folk Music

carrera los dos políticos afroamericanos más famosos de los últimos cincuenta años: Jesse Jackson y Barack Obama. Aquí, los mejores arquitectos del mundo dieron lo mejor de sí mismos: desde la Robie House de Frank Lloyd Wright hasta las innumerables obras hoy revalorizadas por la Chicago Architecture Foundation, que organiza interesantísimos paseos en barco por las aguas del río Chicago, en el extraordinario escenario del Loop. También aquí, en 1968, se produjo el famoso proceso a los «radicales» más influyentes de los Estados Unidos, los Chicago Seven, después de los incidentes acaecidos en las inmediaciones de Grant Park tras la convención democrática en el Hilton. Son hechos que inspiraron a Graham Nash la canción «Chicago». Porque desde siempre, la Windy City se ha distinguido por su destacado compromiso político. En Chicago nació el primer museo de la paz (el Peace Museum) y, en 1956, Albert Grossman, empresario hebreo que en unos pocos años se convertiría en mánager de Peter, Paul & Mary, Bob Dylan, Janis Joplin, The Band y muchos otros, había abierto The Gate of Horn, uno de los primeros clubes de folk de los Estados Unidos, en los que actuaban bluesmen fabulosos (como Josh White, Sonny Terry, Brownie McGee y Lightning Hopkins), los primeros héroes del folk revival como Bob Gibson, Hoyt Axton o los New Lost City Ramblers, y monologuistas transgresores como el gran Lenny Bruce. Hoy, en el 755 de N. Dearborne ya no está el local, sino un gran parque, pero la Old Town School of Folk Music mantiene viva la tradición folk en Chicago. Fundada en 1957, justamente por dos músicos que frecuentaban el Gate of Horn (Win Stracke y Frank Hamilton), esta institución siempre supo hacer convivir la formación con el entretenimiento. Entre cursos para adultos y niños, muestras y festivales, y tiendas de instrumentos musicales, la **Old Town School of Folk Music** (900 West Armitage Ave.) prosigue su misión. Por sus locales han pasado enseñantes de excepción como Pete Seeger o Big

BANDA SONORA ★★★

SWEET HOME CHICAGO

THE BLUES BROTHERS – *OST THE BLUES BROTHERS* (1980)

El blues de Robert Johnson, escrito con Honeyboy Edwards, resurge con nueva vida y entra en la leyenda gracias a la espectacular versión de la banda de Jake & Elwood, «en misión por cuenta de Dios». Arrollador. Fascinante.

Bill Broonzy, y se han celebrado directos acústicos únicos, como los que protagonizaron Joni Mitchell o Eddie Vedder, otro nativo de Chicago.

«CHICAGO ES EL JARDÍN DE MI CASA... Y DE TODOS LOS ARTISTAS DE BLACK MUSIC»

Bobby Womac

En efecto, porque entre finales de la década de 1980 y principios de la de 1990, la Windy City constituía una notable escena rock: el metal industrial de los Ministry, en primer lugar, y el rock alternativo de Veruca Salt, Urge Overkill y Liz Phair, que se desarrolló en el North Side, entre Lincoln Park, Wrigleyville (cerca del Wrigley Field, el famoso estadio de béisbol, sede de los queridísimos Cubs) y Wicker Park. Esta última zona, una de las más *trendy*, con pequeños locales, restaurantes y clubes musicales, como **Double Door** (115 N. Damen Ave.) y **Subterranean** (2011 W. North Ave.) se ha rebautizado

The Metro

EL REY DE LA HOUSE MUSIC

Se llamaba Frankie Knuckles, estudiaba diseño en su ciudad natal, Nueva York, y de vez en cuando actuaba como disc jockey en las principales discotecas de la gran manzana. Un día, un viejo amigo, Robert Williams, lo invitó a Chicago: acababa de abrir un nuevo local, **The Warehouse**, y quería que Frankie le echara una mano. Así, a partir de finales de 1977, Knuckles comenzó a pinchar discos en el Warehouse y a desarrollar su originalísimo estilo influido por sonidos y ritmos de Giorgio Moroder. Frankie mezclaba clásicos de la música disco, temas soul desconocidos, fragmentos de rock, piezas europeas de disco con sintetizador: su receta sonora pronto se etiquetó como house music (The Warehouse recibía a menudo el nombre de «house» por sus fieles más asiduos). El club, inicialmente para una clientela gay negra, se convirtió en un caso de éxito y, en 1982, Knuckles abrió, también en Chicago, un local propio, **The Power Plant**. Justamente allí, en 1983, después de haber adquirido su primera drum machine y con la ayuda del joven y prometedor dj de Detroy Derrick May, consolidó y desarrolló los cánones de la house primero y de la música tecno más tarde. El 25 de agosto de 2004 fue declarado el Frankie Knuckles Day por el entonces senador Barack Obama, mientras que el tramo de calle en el que antaño se hallaba The Warehouse (en Jefferson Street, entre el Jackson Boulevard y Madison Street), hoy se llama **Franckie Knuckles Way**.

como «Guyville», y ha sido inmortalizada entre otros por *Exile in Guyville*, álbum de Liz Phair de 1994, y por la canción de los Urge Overkill «Goodbye to Guyville». Aún hoy, el North Side acoge los locales de música más interesantes. Y si el Lounge Ax, uno de los templos del rock alternativo de los noventa ya no está, a dos pasos de la vieja sede en Lincoln Park, está el **Lincoln Hall** (2424 N. Lincoln Ave.) que, de hecho, ha recogido su herencia. También en la zona hace tiempo que cerró Wax Trax, una de las tiendas de discos más famosas del país. Para encontrar algo análogo se puede ir hasta 20 manzanas más al sur, en el 4639 de N. Lincoln Ave.: en **Laurie's Planet of Sound**, los coleccionistas de vinilos o de material audio encontrarán todo lo que deseen, mientras que en el 2504 de N. Clark Street se halla la tienda de Dave (**Dave's Records**), un lugar de otros tiempos: 40.000 vinilos para todos los gustos y todos los bolsillos. Cerca del Wrigley Field, no lejos de Dave's Record, está **The Metro**, tal vez el club de rock más relevante de la ciudad.

Está situado en el 3730 de N. Clark Street, y ocupa todo el edificio. Abierto por Joe Shanahan en 1982 con un

BANDA SONORA

SATURDAY IN THE PARK

CHICAGO – *V* (1972)

Aunque Robert Lamn la escribió tras un paseo el 4 de julio de 1971 (un sábado por la mañana) por Central Park, en Nueva York, la canción más famosa de los Chicago no puede dejar de asociarse a la Windy City. En efecto, el tema abre todos los partidos de béisbol del Wrigley Park. Despreocupado.

El magnífico Thalia Hall en el Lower East Side

UN NOMBRE, UNA GARANTÍA

Originariamente eran The Roscoe Mitchell Sextet, un grupo de jazz de vanguardia en el que, además del líder, militaban el acrobático trompetista Lester Bowie y el contrabajista Malachi Favors. Luego, para describir su música originalísima, imprevisible y creativa, eligieron una marca más adecuada: Art Ensemble. En 1970, después de una serie de conciertos en París, un promotor francés pensó añadir al nombre del grupo «of Chicago» solo para indicar la ciudad de origen de la banda. Con o sin la adición de Fontella Bass, espléndida vocalista además de mujer de Lester Bowie, The Art Ensemble of Chicago llevó durante diez lustros el nombre de la Windy City por todo el mundo, junto al lema que, con orgullo, reivindicaba la línea artística del grupo: «Great black music: ancient to future».
Más todavía que el conjunto de Roscoe Mitchell y Lester Bowie, hay otra banda que decidió asociar su nombre con el de Chicago. Al principio eran un grupo de estudiantes de la De Paul University que habían decidido llamarse The Big Thing. Tocaban rock con una sección de vientos muy potente, tan fuerte que, en una ocasión, Jimi Hendrix le dijo a uno de los fundadores del grupo, el saxofonista Walter Parazaider: «Caramba, vuestros vientos tienen diez pulmones... ¡y el guitarrista del grupo es mejor que yo!» En efecto, Terry Kath era un instrumentista formidable, así como el bajista y cantante Peter Cetera. Además de Hendrix se fijó también en ellos Jim Guercio, productor californiano procedente de la escuela de Frank Zappa. En 1968, la banda se trasladó a Los Angeles, había firmado un contrato con Columbia y cambió de nombre: The Big Thing se convirtió en Chicago Transit Authority, justamente como la compañía de transportes de su ciudad. Pero a partir del segundo álbum, el grupo se hizo llamar simplemente «Chicago» y a continuación firmaba una serie de éxitos sólo superada por los Beach Boys.

Los Chicago Transit Authority en 1969

concierto de los R.E.M. (por entonces desconocidos para la mayoría) el local transitó primero la onda del rock alternativo y luego del grunge. Sonic Youth, Husker Du, Soul Asylum, Butthole Surfers primero, y Nirvana, Soundgarden, Mudhoney luego, pero sobre todo bandas locales como los Smashing Pumpkins, iniciaron aquí sus carreras.

Para ver a las grandes estrellas de la música es preciso dirigirse al **Thalia Hall** de Pilsen (1807 S. Allport Street), magnífico edificio del siglo XIX en el Lower West Side, completamente restaurado y aupado de nuevo en los últimos años, o bien al **Riviera Theater** de North Racine Street (la misma propiedad que el mítico Aragon, el local que acogía a los grupos psicodélicos en la década de 1960) o al bellísimo **Vic Theater** (o más simplemente, «The Vic»), en el 3145 de N. Sheffield Avenue. Ambos teatros son propiedad de Jam Productions.

Marina Towers: las dos torres originales y la carátula de *Yankee Hotel Foxtrot* de Wilco

En el centro del Loop, el barrio financiero de la ciudad, se encuentra el local **House of Blues** (329 N. Dearborne), siempre divertido de visitar. Se halla en la base de las Marina City Twin Towers, los dos rascacielos que parecen gigantescas mazorcas y que señorean en la carátula de *Yankee Hotel Foxtrot* de los Wilco y en el collage de la contraportada de un disco de Sly & Family Stone (*There's a Riot Goin'On*). El grupo de Jeff Tweedy,

«EN HOLLYWOOD SE CREA TENDENCIA, EN NUEVA YORK SE CHARLA, EN CHICAGO SE TRABAJA. Y SE TOCA BLUES»
Michael Douglas

con base en Chicago, dispone también de un excelente estudio de grabación, muy conocido y apreciado en el ambiente, especialmente para quienes van en busca de instrumentos y sonoridades vintage: **The Loft**, entre Kedzie Avenue y West Irving Park Road, en las inmediaciones de Irving Park.
Si los amantes del musical identifican la ciudad con *Chicago*, de Bob Fosse, y los de blues y rhythm and blues con los *Blues Brothers* de John Landis, hay otra película que, en los últimos años, ha fascinado a los aficionados al rock y que ha consolidado la relación entre las siete notas y la ciudad de Illinois. En efecto, según la revista *Chicago*, es la película número uno entre las rodadas en la Windy City. Se trata de *Alta fidelidad*, basada en el libro homónimo de Nick Hornby. Originariamente ambientada en Londres, la película de Stephen Frears, con John Cusack, Jack Black, Tim Robbins, Catherine Zeta-Jones y Lisa Bonet se rodó casi enteramente en Chicago, en particular en la zona de Wicker Park. Los fans de esta película serán capaces de reconocer seguramente el instituto que frecuenta el protagonista Rob (John Cusack), la **Lane Technical High School** (2501 W. Addison Street), así com la estación de tren de **Armitage Street**, donde cada día coge el tren para ir

a trabajar. Y si bien el Lounge Ax (lugar del primer encuentro entre Cusack y Lisa Bonet) ya no existe, enfrente sigue estando el **Biograph Theater**, delante del cual, como se recuerda en la película, fue asesinado John Dillinger. El **Music Box Theater** de North Southport Avenue es realmente un cine, del mismo modo que el **Green Mill Cocktail Lounge** (donde Rob se abandona a los recuerdos de su amada Laura) es un club de jazz, en el 4802 de North Broadway Avenue. Una inscripción en el local reza que «Al Capone a menudo bebía aquí». Si algún fanático del vinilo va a la caza del mítico Championship Vynil, la tienda de discos donde trabajaba Rob con sus amigos, rockeros obsesivos, Dick y Barry (Todd Louiso y Jack Black), debe saber que el local no era más que un almacén vacío en el 1500 de North Milwaukee Avenue, en la esquina con North Honore Street. Pero no hay por qué desesperarse: pocos metros más adelante, en el 1532 de North Milwaukee, se encuentra **Reckless Records**. Porque en Chicago, sin música no se puede vivir.

«MUDDY WATERS LLEVÓ EL BLUES DEL DELTA A CHICAGO, LO ELECTRIFICÓ Y CAMBIÓ PARA SIEMPRE EL CURSO DE LA MÚSICA POPULAR»

Keith Richards

Reckless Records, paraíso para los maníacos del vinilo

I SAW THE LIGHT

La llamaron «soul music», música del alma. Y no es casual, ya que de hecho nació en el Bible Belt, el sureste de los Estados Unidos, en los que la Iglesia protestante tuvo (y sigue teniendo) una enorme influencia en los usos y costumbres de la gente, pero también en su política y sociedad. Junto con el blues y el jazz, ha representado el mejor ejemplo sonoro del arte y de la cultura afroamericana del siglo xx. Es más, se ha convertido en una auténtica religión y, como tal, ha podido contar con sacerdotes y discípulos pero también con un importante número de templos.

En la primavera de 1966, Wilson Pickett aceptó la propuesta de Jerry Wexler de abandonar los estudios de la Stax, en Memphis, para ir a grabar su nuevo álbum en la madriguera de Rick Hall, en Alabama. Pero una vez llegó cerca de su destino final, Pickett vivió un momento de desazón.

«Desde la ventana del avión –contaba- sólo veía plantaciones con trabajadores negros que recogían algodón. Entonces dije a Jerry:

La zona de Muscle Showals en la década de 1950

'Yo aquí no quiero bajar; ¡llévame inmediatamente de vuelta al norte!'. Al cabo de poco tiempo, las cosas incluso empeoraron. En efecto, lo esperaba en el hall del aeropuerto un hombretón de mirada severísima que recordaba a un despiadado sheriff del oeste. Me giré de nuevo hacia Jerry. 'Tengo miedo', le dije, 'aquí a los negros los hacen trabajar como esclavos'. Luego, aquel individuo alto y gordo, que se llamaba Rick Hall, me chilló: 'Venga, Pickett, muévete un poco: es hora de grabar unos cuantos temas de éxito'».

Tenía razón él. Porque en aquel perdido rincón del noroeste de Alabama, donde habían aterrizado Jerry Wexler y Wilson Pickett, se escribiría buena parte de la historia discográfica del soul, del rock y del pop de las décadas de 1960 y 1970. Pero también tenía razón Pickett: él era la primera superestrella negra que entraba en aquellos estudios en los que, según la crónica, grabó «Land of 1000 Dances», «Mustang Sally», «Funky Broadway» y una personalísima versión de «Hey Jude». El área, genéricamente llamada **Muscle Showals**, se encuentra al este del condado de Corbett, a casi tres horas de Memphis y Nashville y a una hora y media de Tupelo, ciudad natal de Elvis, y está formada por cuatro poblaciones: Florence, Sheffield, Tuscumbia y Muscle Shoals.

En las décadas de 1940 y 1950, la zona, desprovista de cualquier atractivo, estaba aislada y (al menos musicalmente) deprimida: en los locales se había prohibido beber alcohol y, en consecuencia, la escena musical en directo era inexistente.

Para satisfacer las ganas (muchas) y las ambiciones (pocas) de los músicos locales, a finales de la década de

El condado de Colbert: Muscle Shoals y zonas limítrofes

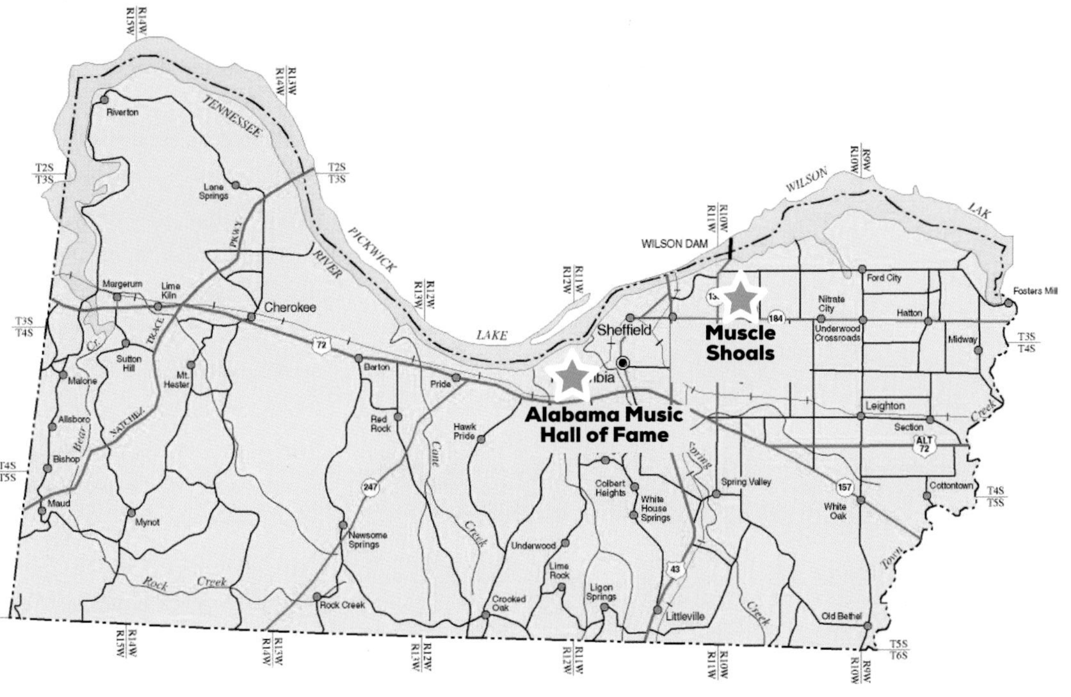

BANDA SONORA

SWEET HOME ALABAMA

LYNYRD SKYNYRD - *SECOND HELPING* (1974)

Es una piedra de toque del southern rock. Después de la estrofa contra Neil Young y sus «inapropiadas» reflexiones sobre «hombres del sur y cruces de fuego», se citan «Muscle Shoals y sus Swampers». Orgullo sudista.

1950, tres de ellos, capitaneados justamente por Rick Hall, habían dado vida a los **estudios Fame**, acrónimo de Florence-Alabama-Music-Enterprise. Situados inicialmente sobre el City Drug Store de Florence, luego en un antiguo almacén de tabaco y finalmente en un edificio construido a propósito en el 603 de East Avalon Avenue, en Muscle Showals, aquellos locales habían acogido a instrumentistas blancos que pasaban horas tocando, tocando y tocando, poniendo a punto un sonido potente, lleno de ritmo y energía, perfecto para la nueva realidad llamada «soul music». Dado que cerca de los estudios había un pequeño estanque, el amigo, colega y admirador Leon Russell sugirió que se llamaran The Swampers: eran Barry Becket (teclados), Roger Hawkins (batería), David Hood (bajo), Jimmy Johnson (guitarra), a los que se unía Spooner Oldham (órgano y piano. Juntos grabaron centenares de temas, entre ellos 75 discos de oro y platino (como «Mustang Sally» de Wilson Pickett). Con la igualmente legendaria Wrecking Crew de Los Angeles se convertirían en la sección rítmica más codiciada de la historia del pop rock, acompañando entre otros a Aretha Franklin, Etta James, Percy Sledge, Joe Cocker, J.J. Cale, Joe Tex o Eddie Floyd. Al principio, para Rick Hall y sus socios fue muy duro. Pero a partir del momento en que Arthur Alexander grabó «You Better Move On», las cosas cambiaron. El tema apareció en las listas y, sobre todo, fue retomado por los Rolling Stones, justamente cuando los Beatles habían tomado prestado otra pieza de Alexander. De repente, Muscle Shoals comenzó a aparecer en los mapas del rock'n'roll. Y todos, comenzando por Bob Dylan, querían ir a grabar allí.

El nombre, de origen indio, tiene un significado poco claro: la traducción literal («un puñado de músculos») podría hacer pensar en una conformación particular del río Tennessee que, en aquel punto recuerda un brazo doblado mostrando el bíceps. Otros dicen que, a causa de las fuertes corrientes, para remontar las aguas del río se necesitaría un puñado de músculos.

Pero nadie está dispuesto a asegurar qué teoría es la más acertada.

En cambio, todo el mundo está de acuerdo en que Muscle Shoals Re-

Los estudios Fame: el invento de Rick Hall

The Swampers en los estudios Fame

cording Studios nació en 1969 después de una serie de desavenencias entre Rick Hall y los Swampers. Estos últimos, después de haber abandonado a los Fame con la ayuda de Jerry Wexler, habían conseguido alquilar los locales en el 3614 de Jackson Highway, en Sheffield. Aquí, uno tras otro, vinieron a grabar sus discos Paul Simon, Staple Singers, Bob Seger, Rod Stewart o Lynyrd Skynyrd. En aquel mismo año (1969), los Rolling Stones grabaron «Brown Sugar», «Wild Horses» y «You Gotta Move», y Cher, bajo la dirección de Jerry Wexler, realizó un álbum cuyo título era la dirección de los estudios (*3614 Jackson Highway*).

En 1978, los Swampers tuvieron la necesidad de expandirse y decidieron dejar el viejo estudio y desplazarse tres kilómetros al oeste, a orillas del río Tennessee, en el

«CUANDO ERA NIÑO SOÑABA CON SER UN CANTANTE SOUL Y GRABAR EN LOS ESTUDIOS DE MUSCLE SHOALS»

Robert Plant

El álbum de Cher grabado en Muscle Shoals: el título es la dirección de los estudios

1000 de Alabama Avenue, en un edificio que antaño había pertenecido a la marina militar y que ahora acogería a Bob Dylan, Dire Straits, Joe Cocker y Jimmy Buffett. Hoy, en los estudios Muscle Shoals, además de decenas de fotos de época, hay instrumentos, material variado, sillones y sofás originales de las décadas de 1960 y 1970. Tanto los Fame como los Muscle Shoals Studios, perfectamente en funcionamiento (y se pueden visitar) vuelven a estar de moda. En 2010, Band of Horses realizó su afortunado tercer álbum, *Infinite Arms*, mientras que un año antes, en 2009, los Black Keys grabaron aquí parte de *Brothers*, vencedor del Grammy como mejor álbum alternativo de 2010: la banda residía en el Marriot Shoals de Florence y cada mañana desayunaba en el local **Cracker Barrell** (150 Cox Creek Parkway).

Interior de los Muscle Shoals Studios

Por otra parte, la estrella del new country Jason Isbell, así como los fantásticos Alabama Shakes (ambos de la zona) están renovando la reputación de los Muscle Shoals entre los aficionados.

El **Alabama Music Hall of Fame** (617 Highway 72) de Tuscumbia es un auténtico tributo a la música y a los artistas del estado; el museo presenta muestras permanentes, colecciones privadas, filmaciones históricas y un Walk of Fame con estrellas de bronce para los músicos más representativos. En **Florence** (620 West College Street) se encuentra el cuchitril de madera donde en 1873 nació W.C. Handy, uno de los primeros compositores de blues de la historia, y rebautizado por este motivo, de modo enfático, «el padre del blues». Su casa natal se ha transformado en museo con manuscritos, recuerdos y piezas de artesanado originales. Incluso hay el piano en el que Handy compuso «St. Louis Blues», además de algunas partituras con notación a mano. Otro padre de la música estadounidense, el recordado e inolvidable Hank Williams, es inmortalizado en Montgomery, Alabama, su ciudad natal. En 1937, Hank comenzó aquí su carrera ganando un concurso para jóvenes talentos en el **Empire Theater**, y también aquí (Elite Cafe, 129 Montgomery Street) hizo su última actuación pública, el 28 de diciembre de 1952, tres días antes de su muerte. Vida, obras y milagros se conservan para la posteridad en el **Hank Williams Museum** (118 Commerce Street), su tumba está en el **Oakwood Cemetery** (1305 Upper Wetumpka Road) y frente al City Hall se levanta una gran estatua de bronce.

«CRECÍ EN ALABAMA, Y MI MÚSICA ES UN MELTING POT DE SONIDOS Y RITMOS DEL ESTADO: GOSPEL, COUNTRY, SOUL»

Lionel Richie

El 4 de enero de 1953, en el Montgomery Auditorium, se celebraron sus funerales: el ataúd se ubicó en una plataforma repleta de flores. Casi tres mil personas participaron en la ceremonia, pero eran más de veinte mil los que pasaron a rendir homenaje a los restos del gran cantante de country; se dice que fue el acontecimiento público más imponente de la historia de Alabama.

BANDA SONORA ★★★

I SAW THE LIGHT
HANK WILLIAMS (1948)
Un gospel blanco escrito con el alma, que exhala el tormento de un espíritu inquieto pero también su profunda religiosidad. Será la última canción que Hank Williams cantará en público, y en el día de su funeral la tocará su amigo Roy Acuff. Iluminador.

Alabama Music Hall of Fame / La casa museo de W.C. Handy

LA VALENTÍA DE ROSA PARKS

Rosa Louise McCauley tenía 42 años, su marido, Raymond Parks era barbero, mientras que ella, a pesar de haber terminado la enseñanza secundaria, había ejercido varios oficios: secretaria, camarera, modista, canguro. Pero el día 1 de diciembre de 1955, en Montgomery, Alabama, se sentía sobre todo una mujer negra que luchaba con orgullo junto al Civil Rights Movement. Aquella tarde, agotada al final de un día de duro trabajo, estaba sentada en el autobús que la llevaba a casa. El conductor le dijo que tenía que ceder su asiento a un muchacho blanco, musculoso y saludable. Se lo permitían las inicuas leyes raciales del Sur de los Estados Unidos. Pero aquel día, Rosa se negó. Su cansancio ya no era sólo físico. Desde hacía un tiempo ya no lograba soportar los abusos que los negros sufrían diariamente. Estaba agotada por las continuas humillaciones a las que eran sometidos. No, aquella vez Rosa decidió no levantarse: «Si quieren –pensó– tendrán que levantarme por la fuerza». Aquel simple gesto, el rechazo a ceder su asiento al hombre blanco, le costó la detención y un largo proceso.

Martin Luther King, líder del Movimiento por los Derechos Civiles, decidió entonces organizar un boicot a los autobuses por parte de la gente de color, solicitando que nadie usara los medios públicos y que todo el mundo se desplazara andando. A partir de aquel día, el nombre de Rosa Parks es sinónimo de lucha contra el racismo, de igualdad social, de coraje, de determinación para un mundo mejor. El famoso autobús se conserva en el **Henry Ford Museum** de Dearborn, Michigan, mientras que en Montgomery, Alabama, se encuentra el **Rosa Parks Museum**.

Las canciones de Hank Williams las han cantado centenares de artistas, incluso varios afroamericanos, como Ray Charles ante todo.

En realidad, «The Genius», como llamaban a Ray Charles, cultivó con éxito varios géneros, huyendo por lo tanto de la categorización fácil de críticos y expertos. Pero nadie duda de lo siguiente: su música procedía del alma y tenía la capacidad de dirigirse directamente al corazón de los oyentes. Nativo de Georgia, «Brother Ray» es homenajeado en la ciudad que vio nacer (Albany, aunque luego creció en Greenville, Florida), con una plaza a su nombre en cuyo centro hay una magnífica estatua, obra del escultor Andy Davis.

También en Georgia, en Macon, a 100 millas al norte de Albany, se honra la memoria de otro icono de la música soul, el gran Otis Redding. Aunque nacido en la vecina Dawson,

La estatua de Hank Williams en Montgomery, Alabama

La estatua de Ray Charles en Albany, Georgia

Otis siempre se asocia a **Macon** ciudad donde creció y donde se celebraron sus funerales, después de su trágica y prematura desaparición en diciembre de 1967. Una estatua de bronce en el **Charles H. Jones Gateway Park** lo inmortaliza en el momento en que está escribiendo los textos de «Sittin on the Dock of the Bay». Cerca de la estatua está el **Otis Redding Memorial Bridge**, que la ciudad le dedicó en 1974. Su tumba se encuentra en la gran hacienda de Round Oak (a la que Otis llamaba «The Big O Ranch»), gestionada hoy por su viuda, Zelma Redding.

La estatua de Otis Redding en Macon, Georgia

«EN ALABAMA HAY ATMÓSFERAS, ESPÍRITU Y ALMA QUE NO ENCUENTRAS EN NINGUNA OTRA PARTE»

Clarence Carter

También en Georgia, en **Augusta**, y a propósito de estatus de gigantes del soul, se puede admirar la bella escultura de James Brown esculpida por John Savage e inaugurada en 2006 por el propio padrino del soul.
Es de tamaño natural y domina en el **James Brown Boulevard**, en medio de Broad Street, de hecho, a poco más de un kilómetro del barrio popular en el que Brown fue criado por su tía Honey. Y si bien su casita en el 944 de Twiggs Street fue demolida hace tiempo, sigue vivo uno de los más extraordinarios templos de la black music, el **Apollo Theatre** de Nueva

BANDA SONORA ★★★

GEORGIA ON MY MIND

RAY CHARLES – *THE GENIUS HITS THE ROAD* (1960)

Compuesto originariamente y grabado por Hoagy Carmichael en la década de 1930, es un himno al estado de Georgia. Justamente un georgiano como Ray Charles inmortalizó la canción transformándola en un gran clásico. Genial.

York, queridísimo por James Brown, que grabó aquí hasta tres álbumes, entre ellos el legendario *Live at the Apollo* de 1962.

Situado en el corazón de **Harlem** (253 W. 125th Street), fue fundado en 1860 por un ex general nordista así como brillante coreógrafo (Edward Ferrero) para que fuera la sala de baile más codiciada del país. Pero se convirtió primeramente en un teatro, luego en un cabaret para nuevos cómicos, hasta que se transformó, en la década de 1930, en un espacio para conciertos. En 1934, gracias a Bill Minsky y a su *Jazz à la carte*, abrió sus puertas a los artistas de color. Después de los fastos de las décadas de 1940 y 1950, cuando pisaban aquel escenario los músicos de jazz más aclamados de la época (como Ella Fitzgerald y Sarah Vaughan, que consagraron aquí sus carreras), en la década siguiente se consolidó definitivamente el mito de indiscutible templo de la música soul. Desde 1991 es propiedad de la ciudad de Nueva York.

Justamente la Gran Manzana tuvo un papel importante en la producción de la música soul. Aquí nació, por ejemplo, la formidable aventura de Atlantic Records de los hermanos Ertegun, que en los años cincuenta habían lanzado la carrera de Ray Charles para luego publicar, en los sesenta y los setenta, álbumes de grandes del soul como Solomon Burke o Aretha Franklin. Bajo la dirección artística de Tom Dowd, en primer lugar, y de Jerry Wexler posteriormente, por los **estudios Atlantic** transitaron algunas de las voces más importantes del siglo XX.

SELMA

En el camino a la libertad

A 50 años de distancia de la marcha de Selma a Montgomery organizada por el movimiento de Martin Luther King para el voto libre de los afroamericanos, la directora Ava DuVernay ha dirigido una película para recordar aquellos días dramáticos de pasión, lucha, sufrimiento y crueldad. Producida, entre otros, por Oprah Winfrey, la película le ha valido a DuVernay –primera mujer negra en obtener este honor– una nominación a los Golden Globe y otra a los Oscar. La cinta reconstruye a la perfección los sucesos y traza un retrato creíble de la figura de King, interpretado de manera impecable por el actor británico David Oyelowo que, por otra parte, se parece enormemente a él. Las escenas se han rodado en los lugares en los que sucedieron los hechos. En primer lugar, en el puente Edmund Pettis, en Selma, de donde partió la marcha del Bloody Sunday. También en Selma se puede ver la Brown Chapel Church, la primera iglesia metodista episcopal negra, donde King inició su campaña. En el viaje de Selma a Montgomery, entre Lowndesboro y Montgomery, se encuentra el lugar en el que Viola Liuzzo fue asesinada por cuatro miembros del Ku Klux Klan. En Montgomery está la iglesia de Dexter Avenue, desde cuyo púlpito, Martin Luther King pronunciaba sus prédicas, y allí cerca se puede ver la casa (hoy museo) en la que vivía con su esposa Coretta y sus hijos. En Birmingham, en 16th Street, todavía está la iglesia bautista bombardeada por los supremacistas (murieron cuatro muchachas negras) e inmortalizada en las escenas iniciales de la película.

El tema «Glory», que acompaña los créditos finales, interpretado por John Legend y por el rapero Common, ganó un Oscar y un Golden Globe.

Apollo Theatre, templo de la black music en Harlem

Originariamente, las oficinas estaban en el interior del lujoso Ritz, para luego trasladarse al menos costoso Jefferson Motel, en el 301 de W. 54th Street, antes de establecerse en su dirección más célebre (e histórica) en la calle 56 (356 W. 56 Street). A mediados de los setenta, las oficinas se trasladaron al 75 del Rockefeller Center. Hoy la sede está en el 1290 de Avenue of the Americas.

Si en el cementerio de Evergreen, en Louisville, Kentucky, están los restos de Wilson Pickett, en **Memphis**, Tennessee, se encuentra la vivienda natal de la reina del soul, Aretha Franklin. En realidad, la casucha de madera en Lucy Avenue se encuentra desde hace años en estado de abandono. Pero hay un proyecto para resituarla en College Street, no lejos de la casa de Memphis Slim y frente al **Museo de la Stax** en Memphis (926 E. McLemore Avenue). Inaugurado en 2003 y parte del proyecto Soulsville, es una réplica exacta de los legendarios estudios Stax, es decir, el viejo Capitol Theatre. El museo acoge miles de vídeos, filmaciones, fotografías, instrumentos musicales, recuerdos e indumentaria empleada por los artistas del label. Entre las cosas más valiosas, una iglesia (auténtica) del Delta del Mississippi, para subrayar las raíces gospel del soul, una sala de baile y el Cadillac El Dorado azul placado en oro que perteneció a Isaac Hayes (la tumba del legendario autor del tema de *Shaft* está en el Memorial Park Cemetery). Finalmente, hay un área especial del museo que acoge muestras temáticas que cambian una vez cada dos meses.

Otra leyenda del soul asociada a Memphis es Rufus Thomas. Incluso antes de grabar con su hija Carla para la Stax, ya había grabado para diferentes etiquetas locales como la Meteor, la Star Club e incluso la Sun Records, para la que había publicado su primer hit, «Hound Dog». Dj para la WDIA, la «Emisora Madre de los Negros», fue el primero en transmitir en aquellas frecuencias a un todavía debutante Elvis Pres-

BANDA SONORA

SWEET SOUL MUSIC

ARTHUR CONLEY & OTIS REDDING (1967)

Un extraordinario homenaje a la música soul con citas explícitas de temas famosos (desde «Hold On I'm Coming» a «Fa.Fa.Fa.Fa.Fa», pasando por «Mustang Sally») y menos explícitas de un tema de Sam Cooke que denunció a los dos autores por plagio. Grabado en los estudios Fame de Rick Hall. Emblemático.

ley. Llevó el estilo del sur a todo el mundo, y Memphis decidió recordarlo nombrando a la antigua Hernando Street con la nueva denominación **Rufus Thomas Boulevard**, y dedicándole una lápida (cerca también de la mítica Beale Street), en la que Rufus se define como «embajador del soul y rey del rhythm and blues».

«LA MÚSICA SOUL Y EL MOVIMIENTO PARA LOS DERECHOS CIVILES CRECIERON PARALELAMENTE: SE INFLUYERON DE FORMA RECÍPROCA»

Ahmet Ertegun

La iglesia siempre ha tenido un papel relevante en la historia del pueblo afroamericano, hasta el punto de que no se puede comprender la evolución de la música negra si no se tiene presente el sentido de religiosidad inculcado en las consciencias de toda la comunidad de color. Pero es más: gran parte de las futuras estrellas de gospel, rhythm and blues y soul debutaron artísti-

Soulsville Usa: el museo de la Stax en Memphis

LOS LEGENDARIOS ESTUDIOS DE ATLANTIC

Según las notas de la carátula de *The Clown* (1957) de Charles Mingus, los primeros estudios de Atlantic estaban en el 157 W. 57th Street, en Nueva York, aunque la dirección histórica era 1814 Broadway, esquina con la calle 60.

Pero antes, Tom Dowd (mítico ingeniero de sonido y productor) grababa a los artistas en las oficinas de la compañía: de noche, desplazaba las mesas contra la pared, situaba un par de micrófonos y los grupos vocales se colocaban alrededor, mientras que él, con una mesa de mezclas y una grabadora, lo documentaba todo desde la habitación contigua. Luego convenció a los de Ampex para que le dieran una segunda grabadora de ocho pistas producida por esta firma. Ello favoreció notablemente el trabajo de Dwod y situó a Atlantic en la cumbre absoluta en tema de calidad de grabación. Los estudios en la sede de Broadway estaban en la vanguardia y, aquí, Dowd experimentó las técnicas de sobregrabación y de estereofonía que lo hicieron célebre.

En 1991, los estudios de Broadway cerraron sus puertas y se trasladaron a W. 54th Street, antes de atravesar el país para instalarse en la actual sede en Los Angeles.

Lápida de Rufus Thomas cerca de Beale Street, Memphis

BANDA SONORA

RESPECT
ARETHA FRANKLIN - *OST THE BLUES BROTHERS* (1980)

Escrito y grabado por Otis Redding, el tema llegaría a ser legendario en la versión de la reina del soul. «Las mujeres del sur pretenden que las respeten» grita Aretha. Y para que la cosa quede más convincente, deletrea la palabra: R-E-S-P-E-C-T. Inolvidable.

camente en los coros de las misas dominicales. El altar ha sido casi siempre el primer escenario, mientras que los arrepentimientos repentinos y las conversiones que se han producido en el curso de una brillante carrera a menudo han sido el peaje a pagar a la llamada de Dios. La **Full Gospel Tabernacle Church** (787 Hale Road en Memphis, en la zona de Whitehaven, pocas millas al sur de Graceland) acoge hoy todavía los sermones del reverendo Al Green, una de las mayores estrellas de la «música del alma», con más de veinte millones de discos vendidos.

Pero la experiencia de una misa gospel, con o sin el reverendo Green, es inolvidable. Este sería el consejo de dos reverendos más, fundamentales para la historia, la cultura y el arte del pueblo afroamericano, C.J. Franklin, padre de Aretha, y su amigo Martin Luther King Jr., líder del Movimiento Afroamericano para los Derechos Civiles.

«LA MÚSICA DEL ALMA, EL SOUL, ES MÚSICA SIN TIEMPO»

Alicia Keys

Y si para C.J., Memphis fue el lugar en el que vivió, para King fue el escenario de su muerte, acaecida el 4 de abril de 1968.

La Full Gospel Tabernacle Church en Memphis, la iglesia de Al Green

KING SOLOMON

Arzobispo del soul

James Solomon McDonald, de Filadelfia, Pennsylvania, fue nombrado obispo al nacer, por voluntad de su abuela. Y justamente fue ella quien lo introdujo en la música y la predicación, y también ella le regaló su primera guitarra y le enseñó a cantar gospel. En la segunda mitad de la década de 1950, Solomon comenzó su carrera discográfica, pero hasta 1960 no se produjo el vuelco hacia el éxito: Ray Charles y Bobby Darin acababan de abandonar Atlantic, y en las mismas oficinas neoyorquinas Solomon Burke los reemplazaba. Con un simple apretón de manos a Jerry Wexler y Ahmet Ertegun, llegó a un acuerdo que salvaría al label de la bancarrota y lanzaría su carrera: pronto se convirtió en el rey del rock'n'soul.
Burke cantó sus clásicos (desde «Everybody Needs Somebody To Love» hasta «Cry To Me» durante 40 años más, y todavía tuvo tiempo de casarse cuatro veces y de tener 14 hijos. Su figura imponente (180 kilos y 1,85 de altura) lo obligaría en los últimos años a actuar en una silla de ruedas. Pero nunca perdió la ironía, ni la capacidad para mezclar lo sagrado y lo profano en la música y en la vida. Según Jerry Wexler, Solomon Burke fue «el mayor cantante soul de la historia».

A las 18,01, el hombre que tan sólo tres años antes contaba a todos que había «tenido un sueño» (un sueño en el que negros y blancos tendrían derechos idénticos) fue alcanzado por una bala en pleno rostro. Acababa de salir al balcón en el segundo piso del Lorraine Motel, justo frente a la puerta de su habitación, la número 306. Sus últimas palabras las dirigió a su amigo músico Ben Branch, mientras que un joven Jesse Jackson lo asistía: «Ben, prométeme que esta noche tocarás 'Take My Hand Precious Lord' y que lo harás muy bien...» Este tema gospel de Thomas Dorsey era el preferido de King, y lo cantó su amiga Mahalia Jackson el día de su funeral. El **Lorraine Motel** (450 Mulberry St.) es hoy la sede del **National Civil Rights Museum**, que cuenta la historia de las luchas de los afroamericanos. Frente a la habitación 306 (que nunca más se volvió a ocupar, en homenaje a King) hay una enseña que recuerda este trágico suceso.

THE LEGENDARY
SUN
Studio
MEMPHIS, TENNESSEE
SUN STUDIO
FREE

2

EL ÚLTIMO TREN A MEMPHIS

Una zambullida en la cuna del rock'n'roll, donde «el Rey» comenzó su fábula, donde vivió, creó, amó y donde fue adorado, servido y reverenciado. Pero también donde desapareció trágicamente. Proseguimos, pues, nuestra excitante excursión entre los pantanosos páramos de Luisiana con la intención de preservar una música y una cultura en vías de extinción, hasta llegar a Cleveland, a orillas del lago Erie, donde se encuentra el museo y la institución rock por excelencia.

WALKING IN MEMPHIS

Es la principal encrucijada musical de América, el lugar en el que la cultura blanca y la negra se fundieron por primera vez (y de la mejor manera) dando origen a la nueva música. Pero Memphis hoy no vive sólo de recuerdos, aunque, para todos y para siempre, es la única, auténtica e inimitable capital del rock'n'roll.

Son poco más de las ocho de la noche del 5 de abril de 1936.

En las poblaciones de provincias, a esa hora (y en aquellos años), la gente ha cenado desde hace un buen rato y está a punto de irse a la cama; la vida en el campo es dura y es preciso levantarse antes del alba. También en **Tupelo**, Mississippi, exactamente a medio camino entre Birmingham y Memphis, se vive de la agricultura, como lo certifica el propio nombre: el tupelo es una variedad de la planta del caucho.

Entretanto, fuera hace un tiempo de perros: llueve a cántaros y el viento parece querer levantar los tejados de las casas. Gladys Presley está preocupada: su marido Vernon, como siempre, ha salido a buscar trabajo, ella está sola con su hijo, el pequeño Elvis que tiene un año y pocos meses. En otras zonas de Tupelo, aquella tormenta, que mientras tanto ya se ha transformado en un auténtico tornado, está provocando destrozos: incluso el **Tupelo National Battlefield**, un gran monumento de cemento que conmemora la batalla de Tupelo (2680 Natchez Trace Parkway), ha quedado arrancado de cuajo.

La parte residencial de la población está a punto de ser destruida, las cases cercanas al Gum Pond son arrancadas, los habitantes

Tupelo National Battlefield

La casa natal de Elvis en Tupelo, Mississippi

van a parar al agua y desaparecen. Al final se contarán más de 200 víctimas, y el tornado Tupelo-Gainesville pasará a la historia como el cuarto más grave entre los acaecidos en los Estados Unidos.

Y sin embargo, la casita de madera en la que vivía Gladys con su pequeño Elvis, situada en la parte oriental de la localidad (hoy en el **306 Elvis Presley Boulevard**), sigue milagrosamente intacta.

Un par de años antes la había construido con sus manos el propio Vernon, gracias a la ayuda de su padre Jessie, su hermano Vester y un préstamo de 180 dólares que le había concedido su patrón.

Posteriormente, el 8 de enero de 1935, en aquella misma pequeña

BANDA SONORA

THE MEMPHIS BLUES

W.C HANDY (1914)

El tema que W.C. Handy compuso para el poderoso político y futuro alcalde E.H. Crump. Junto con «Beale Street Blues», del mismo autor, representa el punto de referencia institucional de la música de la ciudad. Tradicional.

vivienda de dos habitaciones y dos ventanas habían nacido sus dos hijos, dos gemelos. Y si bien Jesse Aaron nació muerto, Elvis Aaron creció fuerte y sano.

En 1957, el ayuntamiento de Tupelo adquirió la casita de los Presley y el área contigua, mientras que Elvis, convertido en el rey del rock, decidió donar los beneficios de un concierto para que, justamente allí, se pudieran construir campos de juego para los niños.

Hoy, la **Elvis Presley Birthplace** es un auténtico parque en el que es posible visitar la casa natal de Elvis, y donde vivió durante trece años, o bien caminar a lo largo del sendero que la rodea siguiendo un recorrido (**The Walk of Life**) marcado por placas de cemento que narran año por año, hasta el fatal agosto de 1977, los momentos principales de la vida del rey del rock. Frente a la de 1948 está la gran estatua titulada **Elvis at 13**, que conmemora el momento en que Elvis dejó Tupelo.

Hasta el parque se ha transportado también la iglesia que Elvis frecuentó siendo niño, y en la que el futuro rey del rock entró en contacto con aquella música, el gospel, que lo hechizó y que inmediatamente deseó cantar. Y justamente en su interior, el padre Frank Smith le enseñó los rudimentos de la guitarra y los acordes útiles para tocar la canción country de Red Foley «Ole Shep» que, según se dice, fue el primer tema que Elvis aprendió y cantó en público. Hoy, en la iglesia se pueden volver a escuchar los sermones de la época y aquellas mismas músicas que habían fascinado al joven Presley.

Otra capilla de las inmediaciones (**Elvis Presley Memorial Chapel**) es un lugar de meditación y plegaria. El propio Elvis deseó su construcción, junto a su amiga Janelle McComb (cuya colección privada se halla en el Elvis Presley Museum) y finalmente se hizo realidad gracias a las donaciones del Elvis Presley Fans Club en 1979, dos años después de la muerte del rey. En la Memorial Chapel, admiradores y curiosos se detienen a rezar, pero la capilla también acoge bodas.

Una gran fuente (**The Fountain of Life**), con trece surtidores superiores que recuerdan los años que vivió en Tupelo y 29 inferiores (los que transcurrió en Memphis) representa metafóricamente las dos vidas del cantante: la que pasó en su ciudad natal, simbolizada por la piedra de granito, construida sobre valores sólidos, y la de la capital del rock'n'roll, visualizada con una piedra caliza, más blanda, y que en consecuencia debe entenderse como más frívola y superficial.

A poca distancia se encuentra el

Elvis at 13, la estatua de Elvis con trece años, en el Walk of Life

El Plymouth Sedan de 1939 de Vernon Presley

Plymouth Sedan verde de 1939 con el que, en noviembre de 1948, la familia Presley embarcó todas sus posesiones para trasladarse a Memphis, Tennessee. Elvis todavía no lo sabía, pero justamente en Memphis pudo alimentar realmente su gran pasión, la música. Y no fue por casualidad.

La ciudad portuaria a orillas del Mississippi (que adopta el nombre de la antigua capital de Egipto, también nacida a orillas de un río, el Nilo), se había convertido poco después de su fundación (1819) en la principal encrucijada del comercio doméstico de esclavos africanos. Y en sus calles, especialmente en la céntrica Beale Street, se interpretaba música, la de las bandas populares pero también la música culta que albergaba la Grand Opera House, conocida más tarde como Orpheum. También allí, en 1899, se creó el **Church Park**, un centro recreativo cultural en el que los músicos de blues podían reunirse para tocar juntos. Entretanto, en Beale Street nacían clubes, restaurantes y tiendas, la mayor parte de las cuales de propiedad afroamericana, abocadas en su mayoría a la mala vida. Y si la droga, la prostitución y la delincuencia eran frecuentes en Beale Street, la música

«MEMPHIS ES MI CIUDAD. NACÍ Y CRECÍ EN ELLA, CANTANDO EN LAS IGLESIAS Y ESCUCHANDO LOS SONIDOS QUE HAN CONTRIBUIDO A MI FORMACIÓN MUSICAL»

Justin Timberlake

(y el blues en particular) se convertía en su banda sonora indispensable. En 1903, el alcalde Thornton decidió invitar a la ciudad al músico W.C. Handy, ofreciéndole que se convirtiera en profesor de música y líder de la orquesta de la ciudad. El autoproclamado «Padre del Blues» encontró en Memphis un terreno fértil. Astuto y muy hábil a la hora de arrimarse al político de turno, como el poderoso (y futuro alcalde) E.H. Crump, para el que compuso la pieza destinada a llamarse «Memphis Blues», el nombre de W.C. Handy está asociado desde hace más de un siglo al de la ciudad del Mississippi. Gracias también a él (una estatua en el parque del **200 de Beale Street** lo consagra para la posteridad) el blues arrecia en Memphis y en particular en Beale

Estatua de W.C. Handy en Beale Street

EL MEMPHIS DE ELVIS

Elvis pasó veintinueve años en Memphis y, además de Graceland y los estudios Sun, dejó sus huellas en muchos lugares de la ciudad.

Comenzando por la casa familiar a la que se trasladó con sus padres después de dejar Tupelo. Durante menos de un año, los Presley vivieron en el 370 de Washington Street, donde pagaban un alquiler de 11 dólares por semana. Posteriormente, durante unos meses también, vivieron en el 570 de Poplar Avenue, antes de trasladarse a **Lauderdale Courts** (185 Winchester Street), al apartamento de dos habitaciones del primer piso. Esta última vivienda fue muy importante para el joven Elvis, que desarrolló aquí sus pasiones musicales. La casa (apartamento 328) todavía se puede visitar y alquilar.

En aquellos días, Elvis frecuentaba la **Humes High School**, donde se diplomó en junio de 1953. La escuela se encuentra todavía en el mismo edificio en el 659 de North Manassas Avenue.

Después de otros cambios de residencia, antes de trasladarse a Graceland, en 1956 Elvis vivía en una bonita casa de cuatro habitaciones, dos baños y piscina en el 1034 de **Audubon Drive**. En 2006, esta vivienda fue adquirida por un millón de dólares por el célebre ilusionista israelí Uri Geller.

Elvis frecuentaba la iglesia de la **First Assembly of God**. Allí, según las declaraciones del pastor Hammill, gustaba de escuchar gospel, como también en el **Ellis Auditorium** (Poplar y Front Street). Para vestirse siempre se inclinó por la tienda de Bernard

Poplar Avenue y Audubon Drive

Lansky, originariamente en el 126 de Beale Street, pero desde hace unos años en el hall del Peabody Hotel.
Uno de sus restaurantes favoritos fue el **Arcade** (540 S. Main Street), en el centro de Memphis. Lugar emblemático (allí se rodaron escenas de películas famosas, desde ***Mystery Train*** a ***El cliente***, pasando por ***Great Balls of Fire*** y ***Walk the Line***), el local conserva la mesa en la que le gustaba comer a Elvis. Y si la barbería preferida de Elvis (el Jim's Barber Shop en 207 S. Main Street) ya no está, el cine en el que se pasaba las tardes (el Malco Theater) sigue ahí aunque hoy se llama **Orpheum** (203 S. Main Street). También sigue activo el **Baptist Memorial Hospital**

Humer High School

Ellis Auditorium

Arcade Restaurant y Malco Theater/Orpheum

(899 Union Avenue), adonde Elvis iba regularmente a desintoxicarse y donde tenía una suite siempre reservada en la planta trece, donde había nacido su hija Lisa Marie y donde se oficializó su propia muerte.
Memphis homenajea al rey del rock con dos estatuas: una en Beale Street y otra en el **Welcome Center** (119 N. Riverside Drive).

Las estatuas de Elvis en Beale Street y en el Welcome Center

BANDA SONORA ★★★

THAT'S ALL RIGHT

ELVIS PRESLEY (1954)

El tema que dio origen a la nueva música. En los estudios de la Sun, en el 706 de Union Avenue, resuenan todavía las notas de aquella canción de «Big Boy» Crudrup, grabado casi por casualidad por «un chico guapo con patillas»: el 5 de julio de 1954 Elvis se topó con su futuro y condicionó el de miles de millones de seres humanos. Fundamental.

«ESTARÉ EN MEMPHIS PARA SIEMPRE»

Elvis Presley

Street. Hay quien lo toca en las *jug band*, quien experimenta los primeros híbridos eléctricos, hay quien lo propone en modo clásico como uno de los músicos del círculo de Handy, el gran Furry Lewis, y también quien lo ve desde una perspectiva diferente. Como Memphis Minnie, la única mujer (según palabras de Big Bill Broonzy) «que tocaba la guitarra con la misma fuerza, convicción y habilidad con la que sabía hacer 'sonar' a sus hombres...». Pero también hay quien se divierte tocando blues en la radio: en aquellos días, el joven Riley King se hacía llamar Beale Street Blues Boy. Años después, el blues brotará de las cuerdas de su guitarra Lucille y él se convertirá en una leyenda con el nombre de B.B. King. Hoy, Beale Street es el centro de la vida nocturna de la ciudad, una auténtica meca para el aficionado a la música. Y justamente allí, las notas de aquel inimitable «Blues Boy» resuenan en el B.B. King Blues Club (143 Beale Street), uno de los muchos locales que programan música en directo en el centro de Memphis. Entre estos, desempeña un papel de relieve el sugestivo **Rum Boogie Cafe** (182 Beale Street), uno de los mejores blues club de la ciudad, donde se puede degustar una sabrosa comida cajun. En Beale Street se encuentra, desde siempre la tienda más antigua del Sur. Se llama **Schwab**, y tiene un lema curioso: «Si no lo encuentra

Beale Street by night

aquí, no lo encontrará en ninguna parte». Fundado en 1876 por un judío de Alsacia, es hoy una de las atracciones más extravagantes en el «camino del blues».

«MEMPHIS ES LA CAPITAL DE LA MÚSICA NORTEAMERICANA»

Henry Rollins

Se encuentra en el edificio más antiguo de Beale (en los números 163/5) y, desarrollado en dos plantas, ha añadido a los productos de la droguería original muchos artículos destinados a los turistas. En 2011, después de 136 años de actividad, la familia Schwab vendió la empresa.

Además de Schwab y de los clubes musicales, Beale ofrece otros puntos de interés, especialmente para los aficionados a la música. Como el **New Daisy Theatre** (330 Beale Street), inmortalizado en el vídeo de «Love Sick», de Bob Dylan. Inaugurado en 1942 como cine, a finales de la década de 1970 el New Daisy se convirtió en escenario de conciertos rock, y su fama eclosionó en las siguientes décadas, hasta convertirse en nuestros días en uno de los lugares más queridos por los amantes de la música. Como también el

LOS PATOS DEL PEABODY

Es uno de los hoteles más famosos de los Estados Unidos. Originariamente se hallaba en la esquina de Main y Monroe Street. Se terminó en 1869 y fue dedicado a George Peabody, financiero y empresario particularmente activo a la hora de apoyar la música y el arte. Poco después de su apertura, el propietario, Robert Campbell Brinckley, lo donó a su hija Anna y a su marido como regalo de bodas. El hotel tenía 75 habitaciones, todas con baño privado, y pudo contar con huéspedes importantes como los presidentes Andrew Johnson y William McKinley, o como el general Lee. En 1923 el hotel se cerró para ser trasladado un poco más adelante. E nuevo Peabody, diseñado por el afirmado arquitecto de Chicago Walter W. Ahischlager, fue trasladado a Union Avenue y ocupó el lugar del Hotel Fransioli, y abrió sus puertas el 1 de septiembre de 1925. Después de diferentes peripecias, a partir de 1981 el Peabody tiene nuevos propietarios y está considerado patrimonio artístico nacional. El hotel, además de ser célebre por su lujosa arquitectura y la belleza del mobiliario, lo es por otro detalle extraño: en el hall hay una fuente en la que nadan unos patos bellísimos. Esta extravagante tradición se remonta a la década de 1930, cuando el entonces mánager del hotel, un tal Frank Schutt, de regreso de una cacería en Arkansas, dejó tres patos domésticos cerca de la fuente. A partir de entonces, los diferentes propietarios han mantenido esta extraña tradición, que a lo largo de los años se ha enriquecido con una particular todavía más curiosa: un adiestrador de animales ha enseñado a las aves una marcha que tiene lugar cada día a las 11 de la mañana. Los patos atraviesan el vestíbulo sobre una alfombra roja y se dirigen a la fuente, para luego regresar al ascensor a las 5 de la tarde. Numerosas películas y programas de televisión han inmortalizado el Peabody, mientras que muchas estrellas de Hollywood han hecho de maestro de ceremonias de la marcha de los patos.

Rock'n'Soul Museum

Rock'n'Soul Museum, situado en la esquina entre la mítica Highway 61 y Beale Street, y hoy parte del complejo FedEx Forum, estadio de béisbol que de vez en cuando acoge también grandes conciertos. Financiado por el Smithsonian Institute, el museo presenta un interesante recorrido audiovisual que cuenta la historia musical de Memphis, los orígenes del rock'n'roll y de la música soul.

BANDA SONORA

GRACELAND

PAUL SIMON - *GRACELAND* (1986)

«El Delta del Mississippi brillaba como una guitarra National, sigo el río, a lo largo de la highway hasta la cuna de la guerra civil. Estoy yendo a Graceland, Memphis, Tennessee». Así canta Paul Simon en el tema que da título a su álbum solista más bello y aclamado. En aquellos días, su matrimonio con Carrie Fisher había naufragado y Simon encontró refugio en la música de sus raíces, en la capital del rock. Reflexivo.

Siete años antes de que la familia Presley se trasladara a Memphis, otro joven procedente de los campos agrícolas del sur buscaba fortuna en la escena musical de Beale Street y alrededores. Su nombre era Samuel Cornelius Phillips, Sam para los amigos, que pese a no haber cumplido todavía veinticinco años ya había hecho de todo: cosechador de algodón, estudiante de derecho, vendedor en una droguería, empleado en unas pompas fúnebres. Pero su verdadera pasión era la música, y de este modo Sam logró encontrar un empleo en la WLAY, emisora radiofónica de Muscle Shoals, primero como técnico y luego como dj. Tras hacerse un nombre en la segunda mitad de la década de 1940, en enero de 1950 abrió su estudio de grabación, el **Memphis Recording Studio**, en el 706 de Union Avenue. Phillips demostró bien pronto que tenía un gran olfato para el talento ajeno, hasta el punto de que por su estudio transitaron los mejores artistas de blues: gente como B.B. King, Junior Parker y Howlin' Wolf. Sam logró hacer algo más: comenzó a colocar sus grabaciones en otras etiquetas discográficas, como la Chess de Chicago, a la que vendió, entre otros, «Rocket 88», escrito e interpretado por Ike Turner y considerado por muchos como el primer tema de rock'n'roll de la historia.

Los míticos estudios Sun en el 706 de Union Avenue

En aquel punto, Phillips decidió crear su propia etiqueta: la llamó «Sun», sol, reflejo de su incurable optimismo. Un nuevo día, un nuevo inicio, dijo, pero mantuvo la misma dirección y, de este modo, la **Sun Records** y los estudios Sun quedaron asociados a partir de aquel momento al 706 de Union Avenue. Y justamente allí puso los pies aquel muchacho de Tupelo con la música en la sangre. Se presentó y grabó una demo de regalo para su madre, en verano de 1953, y luego otra en enero de 1954. Y llamó la atención de la secretaria de Sam Philips, que lo señaló a su jefe cuando Phillips buscaba un cantante adecuado para una balada country. El 5 de julio de 1954, Elvis grabó, casi por casualidad, una versión muy original de una pieza del bluesman Big Boy Crudrup, «That's All Right». Phillips quedó encantado, contrató a Elvis y publicó el disco de 45 rpm. Aquel día, en el 706 de Union Avenue, nació el rock'n'roll.

Desde entonces, la flor y la nata del rock'n'roll –desde Johnny Cash a Jerry Lee Lewis, pasando por Carl Perkins y Roy Orbison- transitó por los estudios de Sam Phillips, primeramente vendió el contrato de Elvis a la RCA por 35.000 dólares y luego, en 1969, cedió su histórica etiqueta a

DUSTY
en Memphis

Para relanzar su carrera y consolidar su imagen, la «dama blanca del soul», la seductora Dusty Springfield, después de firmar un nuevo contrato con Atlantic Records, decidió seguir los consejos de su equipo de productores (las superestrellas Jerry Wexler, Arif Mardin y Tom Dowd), y eligió Memphis para grabar su quinto álbum en estudio. En septiembre de 1968, Dusty entró en los American Sound, los mismos en los que unos meses después Elvis grabaría «Suspicious Mind». Allí nació *Dusty in Memphis* que, pese a las escasas ventas iniciales, se afirmó como el álbum más importante de Springfield y uno de los discos más hermosos de todos los tiempos. Para coronarlo, un tema inicialmente escrito para el ídolo de Dusty, la gran Aretha Franklin, pero que ella, hija de un predicador, se negó a cantar. Y así, «Son of a Preacher Man» se convirtió en un clásico asociado para siempre a la voz de Dusty Springfield.

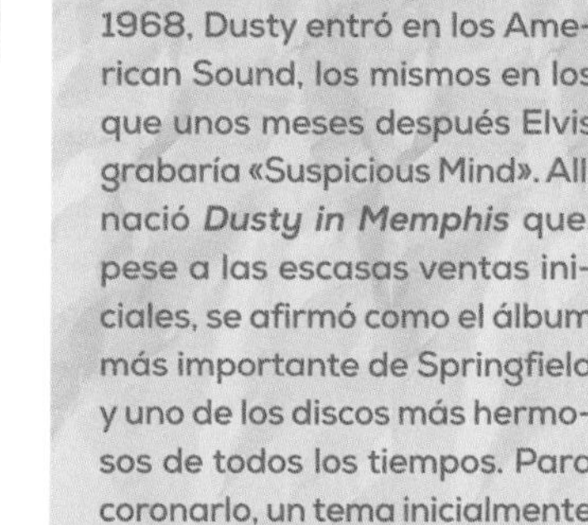

Interior de los estudios Sun

Shelby Singleton. Entretanto, había acumulado ya una fortuna, antes de entrar en sociedad con la naciente cadena hotelera Holiday Inn.
Cerrados de 1969 a 1987, los estudios Sun volvieron a abrir en el año del décimo aniversario de la muerte de Elvis. Se utilizan como estudio de grabación, pero sobre todo se abren al público ansioso por visitar aquellos locales que vieron nacer la nueva música. Y todo se ha mantenido exactamente como estaba en los gloriosos años cincuenta.
«Si la música fuera una religión», reza el lema de la Sun, «Memphis sería Jerusalén y los estudios de la Sun la catedral más imponente».
Allí quisieron grabar U2 (inmortalizados en su célebre película documental *Rattle and Hum*), Deff Leppard, John Mellencamp, Chris Isaak, Ryan Bingham, Jakob Dylan y muchos más.
Si caminando por las calles de Memphis se tiene la constante sensación de que nos observa el fantasma de Elvis, no hay nada mejor que someterse al más eficaz de los exorcismos: ir directamente a su casa, a **Graceland**.
A unos quince kilómetros de distancia de Union Avenue (adonde se puede llegar fácilmente en automóvil o gratuitamente con la lanzadera de los estudios Sun), la villa se encuentra en el 3764 de Elvis Presley Boulevard.
La vivienda, situada en el interior de la propiedad de 500 acres que había pertenecido a la familia del tipógrafo y editor Stephen C. Toof, recibió este nombre en honor a Grace Toof,

BANDA SONORA ★★★

WALKING IN MEMPHIS

MARC COHN - *MARC COHN* (1991)

El poético, intenso y apasionado relato autobiográfico de un viaje a Memphis realizado por el cantautor de Cleveland parece hecho a propósito para describir los rasgos musicales de la ciudad que vio nacer el rock'n'roll. El cover de Cher resultó un gran éxito, pero la versión original es imbatible. Fascinante.

Graceland, la mansión de Elvis

hija del propietario. En realidad, la casa actual la construyó varios años después, en 1939, una nieta de Grace, Ruth Brown Moore y el marido de ésta, el doctor Thomas Moore. Al cabo de poco tiempo se convirtió en una de las residencias más famosas de Memphis. Por una curiosa coincidencia, la hija de los Moore, Ruth Marie, era una arpista renombrada que a menudo se exhibía en concierto en los jardines de la villa.

Con veintidós años, Elvis adquirió Graceland, el 26 de marzo de 1957 por 102.500 dólares. Pero al cabo de poco tiempo decidió

«EN NINGUNA CIUDAD SE RESPIRA LA MÚSICA COMO EN MEMPHIS: SONIDOS Y TEMAS QUE SALEN DE AQUÍ SON AMERICANOS AL 100%»

Shawn Amos

gastar en la casa otro medio millón, para aportar todas las modificaciones que consideraba necesarias. A partir del muro de piedra rosa de Alabama, que los fans denominaban simplemente «The Wall» y que durante años acogió sus afectuosos grafiti, para luego pasar a la celebérrima puerta exterior de hierro forjado blanco, en forma de partitura musical, con notas verdes y una silueta del rey diseñada y construida por Abe Sauer. Entre las demás curiosas innovaciones deseadas por Elvis, una piscina que parece un gigantesco riñón y una pista de squash.

Construida en la cima de una colina y rodeada por robles seculares, la villa de estilo colonial (ideada por los arquitectos Furbringer & Erhmanis) se desarrolla en dos plantas pero con dos alas, a norte y sur, que tienen una única planta. En los 1.600 metros cuadrados hay 23 habitaciones, 8 de las cuales son dormitorios con sus correspondientes baños. A la derecha del recibidor de entrada se abre el salón con un gran sofá blanco y una chimenea sobre la cual hay un cuadro, último regalo navideño de Vernon Presley a su hijo. Al lado está la sala de música, con un piano y una antigua televisión de los años cincuenta. A la izquierda de la sala de entrada se encuentra el comedor con la cocina. En el ala norte están un dormitorio,

La puerta de entrada en Graceland, en forma de partitura musical

LA EXTRAÑA MUERTE DE JEFF BUCKLEY

En el sur de los Estados Unidos las llaman «shotgun shack».
Son casas unifamiliares, largas y estrechas, con dos puertas de acceso, una delante y otra en la parte trasera. Se dice que son las viviendas más difundidas en el país, y en la zona central de Memphis (un par de kilómetros desde Union Avenue) las hay a docenas. En una de estas, en el 91 de **North Rambert Street**, el 29 de mayo de 1997, a las 21.30 horas sonó el teléfono. «Rápido, venid en seguida al río», dijo una voz masculina más bien excitada, «Jeff ha desaparecido».
La llamada procedía de Keith Foti, amigo y técnico de Jeff Buckley, y quedó grabada en su contestador automático.
En Memphis, adonde se había trasladado para grabar su segundo álbum, Buckley había encontrado el anonimato del que no podía disfrutar en Nueva York. Aquí actuaba regularmente, sin que nadie lo importunara, en un local llamado **Barrister's**, cerca de Jefferson Avenue: la última vez fue el 26 de mayo.
La noche del 29 de mayo, Jeff y Keith Foti se habían dirigido hacia el estudio de grabación, pero luego se habían perdido. Entonces Jeff tuvo la idea de «bajar al río» para zambullirse en el **Wolf River**, un afluente del Mississippi, cerca del puerto fluvial. Había suciedad en la orilla, y por este motivo decidió no sacarse los zapatos. Entró en el agua cantando ***Whole Lotta Love***, el himno rock firmado por Led Zeppelin. El paso de un remolcador había creado grandes olas. Foti, que se había quedado en la orilla, iba moviendo la radio portátil para que no se mojara. Cuando miró de nuevo hacia el río ya no vio a su amigo. Lo llamó repetidamente. Ninguna respuesta. El remolino creado por el remolcador había arrastrado a Buckley hasta el fondo y tal vez el peso de las llaves que llevaba en los bolsillos y de los zapatos llenos de agua le impidió subir a la superficie. El cadáver no se encontró hasta el 4 de junio, avistado por una barca de paso. Según la autopsia, Jeff murió por «anegamiento sin rastros de heridas». En el **zoo de Memphis**, que Buckley frecuentaba (se dice que llegó a presentarse voluntariamente para ayudar) hay dos placas negras que lo recuerdan. Se encuentran cerca de las jaulas de los tigres de Sumatra.

un baño y la extraña habitación llamada **Jungle Room**, una de las más famosas de todo Graceland y donde, en la década de 1960, Elvis decidió hacer construir una cascada auténtica. En 1976 la habitación se convirtió en estudio de grabación, y justamente allí Presley grabó sus dos últimos álbumes, *From Elvis Presley Boulevard, Memphis, Tennessee* y *Moody Blue*.
En el lado opuesto de la casa, en el ala situada al sur,

Graceland: la famosa Jungle Room

Elvis mandó construir el **Trophy Building**, con las paredes cubiertas con sus discos, carteles de sus películas, los tres Grammy que ganó, recuerdos varios, entre ellos su célebre traje de lamé dorado, el de la novia de Priscilla y el smoking de su boda. Al lado está la Trophy Room, llena de discos de oro, premios y trofeos, entre los que destacan el mono de piel negra que llevó en el legendario Comeback Show de 1968 y otras prendas que llevó en escena.

Desde la sala de entrada sube la escalera que conduce a la segunda planta, cerrada al público para evitar que curiosee en el cuarto de baño en el que Elvis fue encontrado muerto el 16 de agosto de 1977. Sólo los miembros de la familia tienen acceso a esta planta.

«CUANDO LLEGO A MEMPHIS, ESTOY BIEN»

Lisa Marie Presley

En el semisótano están la sala de la televisión (Elvis llegaba a mirar tres pantallas a la vez) y la de billar.

Graceland: la Trophy Room

Meditation Garden

MEMPHIS SKYLINE

BANDA SONORA

RUFUS WAINWRIGHT - *WANT TWO* (2004)

Esta balada atormentada, «bajo el skyline de Memphis» está dedicada a Jeff Buckley, que se ahogó en las aguas del Mississippi: un recuerdo emocionado y lleno de añoranza. Conmovedor.

En el exterior se halla el **Meditation Garden**, que Elvis frecuentaba cuando quería meditar de verdad. Allí están también su tumba y, al lado, la de sus padres y la de su abuela Minnie Mae Hood. Una pequeña lápida recuerda a su gemelo, Jesse Aaron.

Aunque poseía otras villas en California, Elvis siempre consideró que Graceland era su casa de verdad. Allí quiso que fueran sus padres y que vivieran Priscilla y Lisa Marie.

Desde el 7 de junio de 9182, Graceland está abierta al público, en parte para sufragar el medio millón de dólares anuales necesarios para los gastos de mantenimiento. Aún hoy es la vivienda más visitada de los Estados Unidos después de la Casa Blanca, con más de seiscientos mil turistas al año. Entre estos, los presidentes de los Estados Unidos de América y de otros países del mundo, y las mayores estrellas del rock de ayer y de hoy, como Paul McCartney que, el 26 de mayo de 2013, dejó una púa sobre la tumba del rey con la idea de que de esta manera Elvis pudiera tocar también en el Paraíso.

En la zona situada ante la villa hay un hotel (el extraño Heartbreak Hotel), una casa de huéspedes y un museo. Pero la zona no es precisamente tranquila, por lo que la propia Elvis Presley Enterprise tiene la intención de implementar programas para potenciar las iniciativas y hacer que toda el área sea más atractiva para aficionados y curiosos.

Paul McCartney en Graceland

BAYOU DES MYSTÈRES: EN LA TIERRA DE LOS CAJUN

Un viaje a los páramos pantanosos del oeste de Luisiana hasta los confines con Texas, allí donde, todavía hoy, sobrevive una cultura autóctona cuyas formas expresivas más evidentes se pueden rastrear en la literatura, en la cocina y en la música. Pero que sobre todo reivindica una identidad increíble, más viva y actual que nunca, que influyó en las raíces mismas del rock'n'roll.

Se llamaba Acadia, o mejor dicho, Acadie. En efecto, porque lo que hoy es un área que comprendería el este de Quebec, el Canadá marítimo (Nueva Escocia y New Brunswick) y el Maine, entre los siglos XVII y XVIII fue una colonia de la denominada Nouvelle France. Posteriormente, en 1763, al término de la larga y desafortunada guerra de contra el Imperio británico por el control de aquellas tierras, se produjo la gran expulsión del pueblo acadiano. Esta diáspora llevó a miles de prófugos hasta las zonas pantanosas situadas al oeste de Nueva Orleans, que en aquella época todavía estaba bajo la hegemonía del rey de Francia. Allí, entre pantanos insidiosos, feroces caimanes, densas nieblas, vegetación salvaje y un clima inclemente se establecieron los seguidores de Joseph Broussard, llamado Beausoleil, héroe de la resistencia del pueblo de Acadia, el Che Guevara de los bayou. A pesar de la determinación a la hora de preservar una identidad sociocultural derrotada pero no aniquilada (a partir del idioma), el influjo de la civilización norteamericana llevó a pequeñas pero inevitables modificaciones de sus características originarias. Y de este modo, «les acadiens» se convirtieron, en virtud de la contracción del término con acento inglés, en los cajun. Y en consecuencia, lengua, cocina, literatura y música quedaron modificadas creando un híbrido artístico y cultural de extraordinaria fascinación, capaz de mantener inalterado el orgullo de sus raíces. Se dice que, entre los 4 millones de habitantes, al menos un millón declara ser un cajun, pero sólo trescientos mil hablan aquel extraño francés con acento inglés que alguien se ha divertido en llamar «frenglish».

Bayou de Luisiana, típico paisaje de la Cajun Country

Para aventurarse en la cajun country, lo mejor es circular desde Nueva Orleans a lo largo de la **U.S. 90**, lo que en otros tiempos se llamaba «the old spanish trail».

Inmediatamente nos sumergimos en un universo misterioso al ritmo de románticos valses y arrolladores *two step* tocados por violines y acordeones, transportados a partir de la antigua música de los Apalaches pero embellecidos por robustas dosis melódicas de origen franco-canadiense. El inconfundible panorama está formado por pantanos (los bayou), troncos de árbol partidos sobre los que palpitan brumas perennes; todo ello

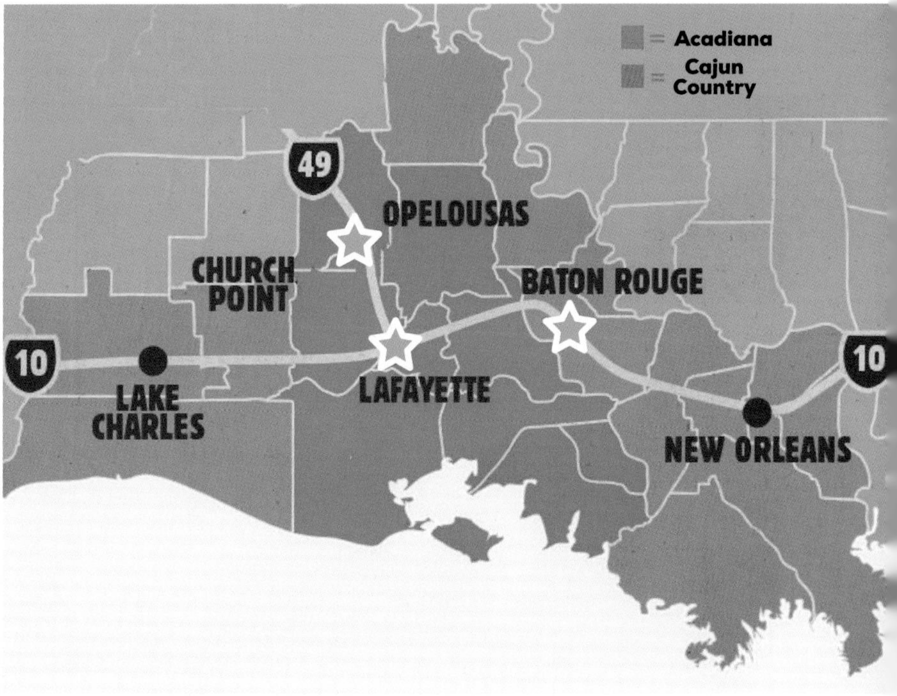

El «fais do do», la tradicional fiesta cajun

Porque, en efecto, la música siempre ha estado en el centro de la vida de las comunidades cajun. Una música que servía para hacer bailar a hombres y mujeres durante las fiestas del sábado por la noche (llamadas

«ESTOY CONVENCIDO DE QUE LA MÚSICA CAJUN ES LA MÁS AMERICANA DE LAS MÚSICAS AMERICANAS»

Michael "Beausoleil" Doucet

«fais do do»), para hacer soñar a los mayores y dormir a los pequeños.

Superadas las sugestivas atmósferas de la Atchafalaya Bay (donde parecen revivir las escenas de *La presa*, la película de Walter Hill con música de Ry Cooder, ambientada en estas zonas), en los alrededores de New Iberia nos topamos con la fábrica de la célebre **salsa Tabasco**, en Avery Island. Justamente aquí, entre plan-

rodeado por perfumes embriagadores, como los de los cangrejos de río y otros platos de la suculenta cocina cajun. Una cocina pobre, de aprovechamiento, pero extremadamente gustosa, cuyos manjares principales, como el jambalaya o el gumbo, forman parte por derecho propio de los títulos de decenas de canciones.

La fábrica de Tabasco en Avery Island

GEORGE RODRIGUE

y el perro azul

Definido como «el nuevo Andy Warhol», George Rodrigue creció en New Iberia, donde atesoró la música y la cultura cajun. Inspirándose en la leyenda acadiana del *loup garou* (el lobo feroz) y tomando como modelo a Tiffany, un terrier spaniel que fue su fiel compañero durante doce años, Rodrigue ha creado el famoso perro ***blue dog*** con ojos amarillos en su taller de Nueva Orleans. Pero desde el libro de los almacenes Neiman Marcus hasta las campañas publicitarias de Xerox o Absolute Vodka, pasando por las primeras páginas del *New York Times*, *People* y *Wall Street Journal*, el blue dog se ha convertido en un icono del arte y de la cultura estadounidense. Y ahora ya es un personaje casi independiente del artista: su mirada fija, dulce y un poco perdida, logra penetrar en el corazón del observador. Después del huracán Katrina, George Rodrigue vivió en Lafayette hasta el día de su muerte, el 14 de diciembre de 2013. Pero antes había abierto los Blue Dog Cafe en Lafayette y en Lake Charles.

El Blue Dog Cafe de Lafayette con los cuadros de George Rodrigue

Larc Acadian Village, Lafayette

taciones de caña de azúcar y minas de sal, nació uno de los condimentos más famosos de los Estados Unidos. Producto típico del Luisiana cajun style, la salsa nació en 1868, cuando Edmund McIlhenny, ex-banquero de Maryland, decidió comercializar un pequeño invento culinario suyo: una mezcla picante a base de varios tipos de guindilla, vinagre y sal. Desde hace casi 150 años, el Tabasco se produce con calidades de guindilla que crecen en Avery Island, y la fábrica sigue siendo propiedad de la familia McIlhenny. La fábrica, una tienda country y un restaurante están abiertos al público. Regresando hacia el noroeste, en dirección a Lafayette, se encuentra la reconstrucción de un antiguo pueblo cajun, el **Larc Acadian Village** (200 Greenleaf Drive, Lafayette). Vale la pena detenerse; a pesar del carácter turístico, el visitante es transportado a un pequeño mundo del siglo XIX, con viviendas y estilos de vida que caracterizaban la cultura cajun del período. La galería acoge obras de artistas locales.

BANDA SONORA ★★★

JAMBALAYA

HANK WILLIAMS (1952)

Este tema, compuesto e interpretado por uno de los padres de la música norteamericana, celebra un plato típico de la cocina cajun, que se convierte en una metáfora de la propia cultura. Los centenares de versiones (desde Elvis hasta Garth Brooks) la han transformado en un himno del mundo cajun. Apetitoso.

Lafayette, cuarta ciudad de Luisiana, es el centro de Acadiana, es decir, de la nación cajun. Aquí se desarrolla el mayor y más importante festival dedicado a la música y a la cultura cajun: el Festival International de Louisiane, que se celebra todos los años el último fin de semana de abril, coincidiendo con el New Orleans Jazz and Heritage. Se desarrolla en cuatro escenarios y atrae a casi medio millón de espectadores. Los mejores artistas de cajun y zydeco están presentes.

En Lafayette es casi obligatorio detenerse en **Randol's**, una institución cajun desde hace más de 25 años. En un viejo henil de madera se puede disfrutar una cena buenísima (los cangrejos de río hervidos son deliciosos, la ración es... ¡de un kilo y medio por cabeza!) y al mismo tiempo escuchar auténtica música cajun o bailar al son de violines y acordeones. A menudo también actúan músicos famosos a nivel nacional.

Hablando de *crawfish*, no se puede dejar de mencionar la autoproclamada capital mundial del cangrejo de agua dulce: **Breaux Bridge**, en el Teche County.

LA LEYENDA DE EVANGELINE

La historia comenzó en 1755, cuando la bella Evangeline (17 años, «suaves rizos castaños y ojos negros como las moras») se vio obligada a separarse de su amado Gabriel, el hijo del herrero, a causa de la expulsión del pueblo de Acadia.

Evangeline no perdió la esperanza y buscó a su prometido por todas partes. Finalmente se rindió, se hizo monja en Filadelfia y prestó servicio en un hospital. Después de muchos, muchos años, los dos amantes se encontraron por casualidad: Gabriel, ya anciano y enfermo, murió en los brazos de Evangeline no sin antes haberle declarado amor eterno. Ella, con el corazón partido, lo siguió hasta la tumba al cabo de poco.

La historia de Evangeline, que se convirtió en leyenda en la célebre (y vendidísima) novela de Henry Wadsworth Longfellow, aparece testimoniada por una placa en Walnut Street, Filadelfia. Aparentemente, pues, no tendría nada que ver con Luisiana. Y sin embargo, en 1907, el juez Felix Voorhies, residente en St. Martinville, cerca de Lafayette, hizo pública una historia que le había contado su abuela: justamente ella habría sido la hija adoptiva de una tal Emmeline Labiche, el personaje real que inspiró la novela de Longfellow. En la realidad, los dos amantes se reencontraron no en Filadelfia, sino justamente en **St. Martinville**, en el corazón de la cajun country, bajo un gran roble. Después de abrazarse y besarse apasionadamente, Louis (el auténtico nombre de Gabriel) le confesó que se había casado con otra mujer, lo cual provocó en Emmeline (Evangeline) un estado de locura que la llevó a la muerte.

En aquella época, los desterrados de Acadia eran considerados ciudadanos de segunda, y a menudo la opinión pública estadounidense se burlaba de ellos. De esta manera, la historia del juez Voorhies, que transformó a Evangeline en una heroína, revalorizó a los ojos del país la cultura cajun. Todavía hoy, Evangeline es un nombre muy común en el sur de Luisiana, mientras que en St. Martinville se pueden visitar el roble de Evangeline, su tumba y una estatua que le han dedicado. Y poco importa que la tumba esté vacía, que la estatua se parezca a la actriz Dolores del Rio (que interpretó ese papel en una película extraída de la novela de Longfellow) y que el gran roble se haya replantado en los últimos años: el mito resiste, hasta el punto que lo celebra también el mundo del rock: «Evangeline» es el título de un tema de The Band (el líder y guitarrista del grupo, Robbie Robertson, es su autor) que cierra *The Last Waltz*. Lo canta una magnífica Emmylou Harris que, por sus rasgos, parece recordar realmente a la bella protagonista de la más romántica de las leyendas cajun.

Festival International de Louisiane

Esta población de atmósfera especial la frecuentaban en el siglo XIX aventureros y señoritas de vida fácil, y al parecer aún hoy ha mantenido este mismo espíritu libre... Ciertamente, algunos locales, como el **Mulate's**

Savoy Music Center

(gemelo del de Nueva Orleans) o **La Poussière** proporcionan el clima musical adecuado para facilitar la socialización. En Breaux Bridge estableció su morada el fenomenal guitarrista y mago del slide Sonny Landreth.

«EL FUEGO DE LA MÚSICA Y DE LA CULTURA CAJUN SIEMPRE HA SIDO DEMASIADO FUERTE PARA QUE LO APAGUE LA CULTURA NORTEAMERICANA DE MASAS»

Zachary Richard

En las vecinas Mamou, **Scott** y Eunice se entra directamente en el corazón de la música cajun. En esta zona han nacido algunos de los artistas más brillantes e influyentes, como Michael Doucet, Dewey Balfa, Steve Riley y Zachary Richard, que han contribuido a popularizar esta música fuera de las fronteras del estado y, a veces, a nivel internacional. En **Eunice** funciona desde hace unos años el pequeño pero interesante **Cajun Music Hall of Fame and Museum**, mientras que, a pocas manzanas de distancia, se puede visitar el **laboratorio de Marc Savoy** (Savoy Music Center, 4413 Highway I 90). Desde hace años, él

BANDA SONORA ★★★

DIGGY LIGGY LO

DOUG KERSHAW (1969)

Conocido con los apodos de «Ragin' cajun» (el cajun rabioso) y «Louisiana Man», o simplemente con su apellido, Kershaw, Doug (con o sin su hermano Rusty) fue el primero en popularizar la música cajun en los Estados Unidos. Sus ardorosas interpretaciones lo convirtieron en favorito de los rockeros. Tónico.

y su mujer Ann constituyen una de las asociaciones más importantes del arte sonoro de los cajun. Sus acordeones diatónicos, típicos de esta música, se encuentran entre los mejores del mercado, y es una auténtica experiencia ver a Marc trabajar con sus instrumentos o simplemente intercambiar cuatro palabras con él.

A pocas decenas de kilómetros de Eunice encontramos **Opelousas**. En el año 2000 fue nombrada capital mundial del zydeco, un híbrido musical codificado en 1960 por el musicólogo Mack McCormick como un mix de blues, rhythm and blues, cajun y rock. El acordeonista Clifton Chenir, el rey del zydeco, ha sido el ciudadano más importante de Opelousas junto al legendario héroe de la batalla de El Álamo, aquel Jim Bowie famoso por su cuchillo y por haber prestado su apellido a un cierto David Jones, futura estrella rock británica que fue célebre como David Bowie. Aún hoy, el Tourist Center de Opelousas alberga un museo dedicado a Jim Bowie y a su igualmente histórico cuchillo.

Clifton Chenier, a principios de la década de 1960, grabó una pieza titulada «Les haricots sont pas salés». Aquellas alubias (los *haricots*) se distorsionaron inmediatamente en «zydeco», que de esta manera se convirtió en sinónimo del nuevo género musical. Interpretada con éxito por otros artistas, como la

SEE YOU LATER, ALLIGATOR

Historia de un éxito

Fue una de las canciones de mayor éxito de la década de 1950. Su autor fue Bobby Charles, nativo de Abbeville, Luisiana. Una noche, después de tocar en un local de la cajun country con su banda, los Cardinals, se despidió del pianista con la clásica frase «See you later, alligator» (en la jerga de la época, «alligator» designaba a los músicos blancos de jazz o a las personas de moda). Una muchacha desconocida, sentada en una mesa cerca del escenario y que quizás había bebido alguna copa de más, respondió como un eco: «After a while, crocodile». Una vez hubo vuelto a casa, Bobby escribió la pieza de un tirón: se dice que empleó tan sólo unos veinte minutos. Robando un poquito de un tema de Guitar Slim, Bobby Charles compuso, pues, «See you Later Alligator», que fue grabada en Chicago, en los estudios de la Chess, pese a que Leonard Chess se quedó desconcertada cuando lo conoció por primera vez: estaba convencido de que Bobby Charles era un artista negro.

Bobby Charles

El Zydeco Festival en Opelousas

chocante Queen Ida o los formidables Buckwheat Zydeco, la música de Clifton Chenier sigue fascinando a todo el mundo.

Cada primer fin de semana de septiembre, Opelousas acoge un gran festival de zydeco, el Original Southwest Louisiana Zydeco Music Festival, dos escenarios y 15 horas ininterrumpidas de música.

En 2017, en el trigésimo aniversario de la muerte de Chenier, se realizó una edición especial. El festival se celebra en la zona de **Plaisance**.

«SIEMPRE ME HE SENTIDO CERCANO A LA CULTURA CAJUN»

Daniel Lanois

Capital del estado y segunda ciudad más poblada de Luisiana, **Baton Rouge** siempre ha tenido un alto porcentaje de afroamericanos, primeramente esclavos, luego simples obreros o jornaleros. Por este motivo, toda el área se conoce musicalmente por su escena de blues. Es más, por su swamp blues, el blus de los pantanos, una música que tenía como base el blues eléctrico de Chicago pero con figuras guitarrísticas repetidas que se adaptaban al estilo relajado de los cantantes de Luisiana. Con la posterior adición de una armónica y de percusiones como las congas, que daban un sabor caribeño, nació este estilo particular que tuvo en J.D. Miller a su inventor, así como a su principal compositor. Más tarde llegó a escena James Moore, cantante, guitarrista pero sobre todo formidable intérprete de armónica que, justamente en virtud de su habilidad con la armónica de blues, se hizo famoso con el apodo de Slim Harpo. Sus éxitos locales como «I'm a King Bee» dieron la vuelta al mundo en las interpretaciones de los Rolling Stones, Pink Floyd, Led Zeppelin, Grateful Dead y muchísimos otros artistas, blancos y negros. Los Stones también grabaron su «Shake Your Hips» en el legendario *Exile on Main Street*. Hoy, Slim Harpo es un icono del blues, hasta el punto de que cada año se entregan en Baton Rouge los Slim Harpo Music Awards.

Su tumba se halla en el **Mulato Bend Cemetery**, en Port Allen, en la parte occidental de Baton Rouge. El Louisiana State Penitentiary, la cárcel de máxima seguridad, cono-

Tumba de Slim Harpo

La cárcel de Angola, «casa» de Leadbelly

cida también como **Angola**, es famoso por haber acogido al mítico bluesman Leadbelly. Nativo de Shreveport, Leadbelly fue encerrado en Angola en la década de 1930, en la época en la que los etnomusicólogos John y Alan Lomax visitaban las prisiones del Sur convencidos de que encontrarían las formas más puras de la música afroamericana. Y de este modo documentaron los temas de Leadbelly que, gracias a estas grabaciones, se convirtió en una leyenda del blues.

Aún hoy, en la cárcel de Angola hay programas de música para los presos. La prisión se halla a unos 80 kilómetros al noroeste de Baton Rouge, y se puede visitar, así como el museo situado en las inmediaciones. La **tumba de Leadbelly** se encuentra en el Shiloh Baptist Church Cemetery en Mooringsport.

Luisiana es la patria de muchas estrellas de la música. Entre estas destaca también la estrella del pop Britney Spears, nacida en realidad en McComb, Mississippi, pero que creció en Kentwood, el pueblo que ella considera su auténtico hogar. En Lake Charles nació Lucinda Williams, cantautora deliciosa que dedicó justamente a su estado natal varias canciones: «Bus to Baton Rouge», «Crescent City» o la propia «Lake Charles», cuyo espíritu melancólicamente relajado encarna a la perfección el de estas tierras. Otra Williams, Victoria Williams (que no guarda parentesco alguno con Lucinda) es de Forbing, cerca de Shreveport, en la parte centro-septentrional del estado, junto a la frontera con Texas y Arkansas. La zona presenta tanta influencia de estas otras tierras que la han apodado ArkLaTex. La mezcla cultural ha producido en la música resultados interesantes, como el fantástico swamp rock de Tony Joe White, artista de culto y amado por aficionados de paladar fino; el country rock de Faron Young, llamado «el sheriff»; el virtuosismo del guitarrista James Burton, partner de Elvis en la fase final de su carrera, así como *session man* de lujo en Los Angeles. Pero si hay un músico procedente

BANDA SONORA

BORN ON THE BAYOU

CREEDENCE CLEARWATER REVIVAL - *BAYOU COUNTRY* (1969)

El swamp rock de una banda californiana que pensaba haber nacido en la cajun country.
Los Creedence, que merecerían ser ciudadanos honorarios de Luisiana, hicieron soñar con la tierra bayou a los aficionados de medio mundo. Espumeante.

Lewis Family Museum, la casa museo de Jerry Lee Lewis en Ferriday

de este área que, más que ningún otro, dejó un signo indeleble en la historia del rock'n'roll, este es Jerry Lee Lewis, llamado «el killer» por la ferocidad de sus actuaciones en directo, o «Ferriday Fireball», de nuevo por sus ardientes actuaciones, pero también como homenaje a su población natal. En Ferriday, Jerry Lee comenzó a cantar junto a su primo, el famoso Jimmy Swaggart. Swaggart, que además de ser cantante de música cristiana se convirtió en la década de 1980 en el telepredicador más rico y famoso del país, se vio arrastrado en 1988 por un escándalo sexual y desapareció de primera línea. Por su parte, Jerry Lee estaba acostumbrado a los escándalos... Pero su música, publicada por Sun Records, resultó mucho más potente que cualquier rumor malévolo, y lo proyectó hasta el Olimpo de los Inmortales. En **Ferriday**, su casa familiar se ha convertido en un museo. Cuando se llega al 712 de Louisiana Avenue se puede ver una extraña tienda de licores con *drive in*. Acoge al visitante Marion Teller, que dirige a todo el mundo hacia la casa contigua, donde su mujer, Frankie Jean Lewis (hermana de Jerry Lee), lo conservó todo como si fuera realmente un museo: fotografías, recuerdos varios, un piano vertical, partituras escritas a mano por Jerry Lee. Frankie Lee hace de guía a todo el mundo durante al menos una hora... En definitiva, una visita que merece ampliamente el viaje.

A un puñado de kilómetros del límite con Luisiana, en la parte suroriental de Texas, está la población petrolera e **Port Arthur**, famosa entre los aficionados del rock por ser el lugar de nacimiento de Janis Joplin. Janis, que pasó allí su infancia y su adolescencia, nunca tuvo una relación feliz con la ciudad: la mentalidad de la provincia texana era demasiado conservadora y mojigata, mientras que la de la primogénita de Seth y Dorothy Joplin era excéntrica, transgresora y progresista. Ni siquiera el retorno como reina de los hippies –el 14 de agosto de 1970, pocos meses antes de su muerte– con ocasión de una fiesta de antiguos compañeros de escue-

BANDA SONORA

REVEILLE

ZACHARY RICHARD - *BAYOU DES MISTÈRES* (1976)

«Despertad, hombres de Acadia, tenemos que salvar nuestra tierra». Así cantaba, *a cappella*, Zachary Richard, de Scott, Luisiana, en su álbum más típicamente vinculado a la cultura cajun. Músico superfino y personaje sensible, Zachary ha encarnado el espíritu de los cajun y lo ha sabido divulgar por el mundo. Comprometido.

BANDA SONORA

STILL WATER

DANIEL LANOIS - *ACADIE* (1989)

Así se abre el álbum más poético jamás dedicado a la cultura cajun, aun sin ser un disco de música cajun. Lanois no sólo es un mago de los sonidos: aquí demuestra que es un compositor refinado y un inteligente embajador de la cultura acadiana. Fascinante.

Port Arthur, Texas: la casa donde creció Janis Joplin

la, pudo restablecer las relaciones. Acompañó a Janis su amigo Bob Neuwirth, su fiel *road manager* John Cooke y su hermana Laura pero, en el curso de la conferencia de prensa y de las entrevistas, soltó declaraciones bastante negativas sobre Port Arthur. «No recuerdo haberme divertido nunca cuando estaba aquí», dijo, aun admitiendo a regañadientes que la población había cambiado. «Finalmente veo que aquí también hay chicos con el pelo largo y se oye música rock», había declarado a la prensa.

En 2008, con ocasión de lo que habría tenido que ser el 65 cumpleaños de Janis, Port Arthur se acordó de su hija más famosa y celebrada. En primer lugar se puso una placa azul frente a la casa familiar en la que Joplin había crecido (**4330 32nd Street**), luego le dedicó toda una planta del **Museum of Gulf Coast** (700 Procter). Allí se puede ver una réplica (no muy bonita, a decir verdad) de su Porsche 356 Cabrio pintado con tonalidades psicodélicas por su amigo Dave Richards, pero sobre todo hay recuerdos varios de su período en Texas.

«NUNCA ME HE AVERGONZADO DE SER UN CAJUN»

Doug Kershaw

Pero aún hay más. Un pequeño prospecto ilustra el **Janis Joplin Road Trip** que, además de los dos lugares señalados, conduce al hospital en el que nació Janis (St. Mary's Hospital, 3600 Gates), la iglesia donde la bautizaron y donde, por primera vez, mostró su talento vocal (First Christian Church, 620 Woodworth), las escuelas donde estudió: la enseñanza infantil en la Tyrrell Elementary (4401 Ferndale), la primaria en la Woodrow Wilson Junior High (1500 Lakeshore), la secundaria en la Memorial High School, en su época llamada Thomas Jefferson (2200 Jefferson) y el bachillerato en Port Arthur College (1500 Procter). El Janis Joplin Road Trip nos lleva luego a los lugares en los que una vez estaban la cafetería en Gulfway que Janis frecuentaba, o la sede de la KPAC, su emisora radiofónica preferida. Port Arthur precisó, pues, de veinte años para acordarse de

UNA TABLA DE LAVAR SONORA

En las jug band de las décadas de 1920 y 1930 no era raro ver tablas de lavar que se usaban como percusiones rudimentarias. Esta singular tradición se perpetuó a lo largo de los años y hoy, el washboard ha alcanzado el estatuto de instrumento musical propiamente dicho, que cuenta con muchos intérpretes, algunos auténticos virtuosos.

En el zydeco se usa una variante muy particular del washboard: el llamado «frottoir» o «rubboard». De hecho, es un aversión esencial con tan sólo la parte de metal ondulada y dos prolongaciones curvas que se apoyan en los hombros. Lo que parece, pues, un chaleco de acero, se toca con dos cucharas (en el washboard se emplean dos espátulas o dedales) que apoyan el ritmo de la batería y confieren ese timbre metálico que casa tan bien con el resto del sonido zydeco. Al parecer, el inventor del rubboard fue el propio rey del zydeco, Clifton Chenier. Se lo construyó en 1946 su amigo Willie Landry, un metalúrgico que trabajaba en las refinerías de Texaco en Porth Arthur, Texas. El primero en dominar el instrumento fue el hermano de Clifton, Cleveland Chenier, que para tocarlo empleaba sacacorchos metálicos.

El hijo de Willie Landry, Tee Don, continuó la tradición familiar: dicen que su taller en Sunset, entre Lafayette y Opelousas, es el mejor del mundo.

Janis: sus últimas declaraciones, la muerte por sobredosis y su carácter rebelde habían sacudido la susceptibilidad de sus habitantes que, en definitiva, aún son reacios a la hora de homenajear a su ciudadana más famosa. Pero a quién le importa, como diría Janis: conociendo sus sentimientos hacia los compañeros de la época (y las humillaciones a las que fue sometida) o más en general su opinión hacia la «square people», como los definía ella, de Porth Arthur, vendrían ganas de mandarlos a todos a aquel lugar...

Museum of Gulf Coast, Port Arthur, Texas. Réplica del Porsche «psicodélico» de Janis

MOONDOG
CITY

El rock'n'roll nació en las orillas del lago Erie. O mejor dicho, el término «rock'n'roll» fue acuñado aquí. Para ser más precisos todavía, la palabra «rock'n'roll» comenzó a asociarse a la música porque en verano de 1951, Alan Freed, dj en una emisora radiofónica de Cleveland, programaba discos de rhythm and blues que, para distinguirse, anunciaba como «rock'n'roll». Por este motivo, Freed es para algunos el «papa del rock», y Cleveland, Ohio, es la sede de la institución más prestigiosa de la nueva música: el Rock and Roll Hall of Fame.

La National Civic League es un ente sin ánimo de lucro creado para controlar la transparencia, la eficiencia y la honestidad de los gobiernos locales. Fundada en 1849 en Filadelfia por un pool de periodistas, profesores y exponentes destacados de la cultura y de la sociedad civil, es conocida como la institución que preside el All-America City Award. A partir de 1949, este premio prestigioso se asigna anualmente a las diez comunidades estadounidenses que hayan demostrado una sólida cohesión de sus habitantes y un fuerte sentimiento de identidad ciudadana que contribuya a alcanzar importantes metas cívicas. La primera ciudad que recibió este reconocimiento fue **Cleveland**, Ohio (en la época con menos de un millón de habitantes) que hoy, casi setenta años más tarde, ostenta el récord de All-America City Award recibidos, hasta cinco.

Justamente en el período en que nacía el premio, de las ondas de una emisora radiofónica de la ciudad, un dj de origen judío ruso que venía de Windber, Pennsylvania, y que se hacía llamar «Moondog», transmitía una música efervescente que parecía hecha a propósito para los *teenager* norteamericanos del momento. Provocadora, rebelde y físicamente excitante, aquella música la tocaban y la cantaban artistas negros, pero gustaba sobre todo a los jóvenes blancos. Todavía no tenía un nombre preciso, había quien llamaba a aquellos discos «race records», otros decían que se trataba de rhythm and blues. En su show financiado por la RCA y por un negociante y distribuidor de discos (un tal Leo Mintz), «Moondog» anunciaba las piezas de la manera más diversa, pero, modificando un viejo dicho marinero («rocking and rolling», que indicaba el movimiento de los barcos atrapados por el oleaje) gritaba: «It's rock'n'roll, baby!».

El show tuvo un éxito tan grande que Alan Freed –auténtico nombre de «Moondog»- pensó crear una versión en vivo. Así, el 21 de marzo de 1952, Freed, junto a Mintz y un promotor local (Lew Platt), alquiló el Cleveland Arena para un concierto llamado «The Moondog Coronation Ball». Los jóvenes, con tal de tener una entrada, estaban dispuestos a hacer locuras, y los organizadores tuvieron la desdichada idea de imprimir más del doble. Al escenario debían subir Paul Williams con sus Hucklebuckers, Tiny Grimes y los Rockin' Highlander, entre otros artistas. La noche del acto, se habían apiñado cerca de veinte mil personas en el interior y el exterior del Arena y, después

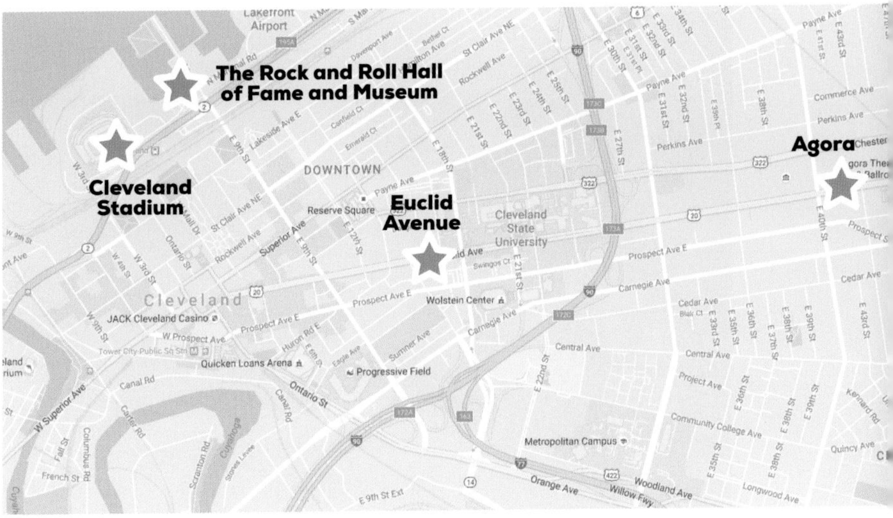

del primer tema, los bomberos y la policía interrumpieron el show: el Cleveland Arena podía contener como máximo la mitad del público que había acudido. Pero pese a todo, el Moondog Coronation Ball ha pasado a la historia como el primer concierto de rock'n'roll de la historia.

Hoy, en el 3717 de Euclid Avenue ya no se puede ver el Cleveland Arena (derribado en 1974), sino la sede de la Cruz Roja local y, por desgracia, también han desaparecido muchos otros lugares históricos del Cleveland de la época de Alan Freed.

Un cartel original del Moondog Coronation Ball y el Cleveland Arena en los años cincuenta

Euclid Avenue, Cleveland: la calle de los millonarios

BANDA SONORA

MOONDOG SYMPHONY

MOONDOG

(1949)

La sigla de The Moondog House, el programa que presentaba Alan Freed desde los micrófonos de la WJW de Cleveland, fue objeto de una causa legal. Louis Thomas Hardin, llamado «Moondog», extravagante personaje medio artista y medio vagabundo, la ganó en 1954. El tema lo había grabado él, y el nombre «Moondog» era una marca registrada suya. Curioso.

EL VERDADERO MOONDOG

Louis Thomas Hardin era un compositor, músico, poeta e incluso inventor de varios artilugios sonoros, el más conocido de los cuales se llama «trimba», una pequeña percusión de madera de forma triangular. Ciego desde la edad de 16 años, Hardin vivió en Nueva York desde finales de los años cuarenta hasta 1972. A menudo se le encontraba en la Sixth Avenue, entre la 52th y la 5th Street, vestido con un sayo de fraile y un yelmo de vikingo. A veces pedía limosna, otras veces tocaba, la mayor parte del tiempo se quedaba en silencio en un rincón. Conocido por la gente de Nueva York como «el vikingo de la Sixth Avenue», Hardin era un artista apreciado. Había elegido el apodo de «Moondog» como homenaje a su perro, que aullaba a la luna como un lobo.

En 1954 ganó la causa contra Alan Freed, que había usado su nombre y la música de su ***Moondog Symphony***. En 1969, el productor de rock James William Guercio lo convenció para que grabara para la Columbia Records. Una vez dejó Nueva York, «Moondog» se estableció en Alemania, tierra a la que, como Escandinavia, adoraba, y que había idealizado («Sagrada tierra con un río sagrado, el Rhin»).

Sus composiciones influyeron en el movimiento minimalista estadounidense, y a grandes compositores del género, como Philip Glass y Steve Reich. Algunas de sus obras han sido objeto de versiones por parte de grupos como Pentangle y artistas como Janis Joplin. Hardin murió en Alemania el 8 de septiembre de 1999.

Leo's Casino

Comenzando por el Record Rendezvous, la tienda de discos de Leo Mintz. Justamente había sido Mintz quien había sugerido a Freed que programara los race records, que la industria discográfica de la época pensaba vender a un público de negros. En realidad, gracias a la obra de divulgación y promocional de Mintz y Freed, aquella música comenzó a gustar cada vez más a los jóvenes blancos de principios de la década de 1950. Y de esta manera, la tienda de Mintz, al menos hasta finales de los años setenta, fue un punto de referencia para los aficionados a la música en Cleveland, el lugar en el que blancos y negros se encontraban para descubrir las nuevas tendencias. Hasta 1987, año de su cierre definitivo. A partir de entonces, se crea o no se crea, el local en el 300 de Prospect espera todavía un nuevo destino.

Euclid Avenue es una de las arterias más importantes de Cleveland, y se extiende desde la céntrica Public Square hasta East Cleveland. Entre finales del siglo XIX y principios del XX, la parte principal de la calle fue conocida en todo el mundo como «Millionaires Row» porque, en el tramo que da al lago Erie, varios personajes ricos y famosos mandaron construir aquí sus fastuosas mansiones. Es más, en Euclid, además de numerosos cines y teatros, también estaba el Leo's Casino, un club de 700 plazas en el interior del Quad Hall Hotel, donde han actuado algunos grandes de la música afroamericana como Nina Simone, Ray Charles, las Supremes o los Temptations. El 9 de diciembre de 1967, justamente allí, Otis Redding cantó en público por última vez: al día siguiente su avión privado se estrelló contra las aguas del lago Monona. Hoy, en el 7500 de Euclid hay un supermercado de alimentación de la compañía Aldi. Sí está, en cambio, el **Cleveland Agora** (5000 Euclid), un templo del rock en las décadas de 1970 y 1980.

«EN CLEVELAND, LA PALABRA ROCK 'N' ROLL HA SIDO CONJUGADA EN LA MÚSICA POR PRIMERA VEZ. EL MÉRITO ES DE MI AMIGO ALAN FREED.»

Leo Mintz

Little Steven en el hall del Swingos, el hotel de los excesos

El Swingos, antaño un hotel transgresor, es hoy un tranquilo Comfort Inn

Desde Iggy Pop a los Clash, pasando por los U2, en aquellos tiempos el gran rock se detenía aquí. Patti Smith grabó en el Agora su versión de «My Generation», y Bruce Springsteen, en 1978, celebró uno de sus shows más admirados. Sin embargo, el local se hallaba en la época en el 1739 de la 24th Street East, donde ahora está el parking de la Cleveland State University. El Comfort Inn, en el cruce entre Euclid y la East 18th Street, es desde hace tiempo un motel tranquilo y pulcro. Pero antaño, en la década de 1970, cuando se llamaba **Swingos**, contempló caras y escenas típicas de los excesos del rock de aquel período. Elvis era un habitual, y los Led Zeppelin organizaban fiestas con sus groupies, mientras que Cher y el bajista de los Kiss, Gene Simmons, lo eligieron como alcoba secreta para sus encuentros amorosos. También en Euclid, en el número 10615, donde hoy hay un gran parking, en los años sesenta surgía Le Cave, el local preferido de los Velvet Underground, que dieron aquí hasta 24 conciertos. Después de siete años de actividad, el local cerró sus puertas en 1969.

«CRECÍ EN CLEVELAND, Y ALLÍ APRENDÍ A CANTAR»

Tracy Chapman

Tampoco está el gigantesco **Municipal Stadium**, a orillas del lago (1085 W. Third Street). El 14 de agosto de 1966, en el interior de la instalación deportiva que acogía las gestas de los Indians (béisbol) y de los Browns (fútbol americano) se celebró un mítico concierto de los Beatles, uno de los últimos de su carrera. En los años siguientes, el estadio acogió espectáculos de rock extraordinarios: Pink Floyd, Aerosmith, Rolling Stones, Who, Michael Jackson, Bruce Springsteen y U2, antes de ser demolido en 1996. Unos meses antes, el 2 de septiembre de 1995, en el Cleveland Municipal Stadium tuvo lugar un último y fantástico concierto: Bob Dylan, Chuck Berry, Johnny Cash, Neil Young, Jerry Lee Lewis, Prin-

BANDA SONORA

JOHNNY B. GOODE

CHUCK BERRY (1958)

Uno de los temas más famosos de la historia del rock. Se dice que inicialmente se inspiró en el pianista de Chuck, Johnnie Johnson. El título procede de la calle en que nació Berry en St. Louis, Goode Avenue. Inimitable.

THAT'S AMORE

En 1941, Dean Martin –la futura estrella del cine y crooner, así como miembro honorario del famoso Rat Pack (el clan fundado por Humphrey Bogart y formado por él, Frank Sinatra, Sammy Davis Jr., Peter Lawford y Joey Bishop)–, cuando todavía se hacía llamar Dino Martini, se casó con Elizabeth Anne «Betty» McDonald en la iglesia de St. Ann en Cleveland Heights. Hasta 1949, ambos vivieron en Cleveland, en el **2820 de Mayfield Road.** Después de ocho años de matrimonio y cuatro hijos, Dean y Betty se divorciaron. Antes de convertirse en una estrella del espectáculo, Dean Martin fue contrabandista de whisky, croupier en un casino de serie B, obrero de una acería y púgil profesional.

Dean Martin, que se casó en Cleveland

ce, Aretha Franklin y muchos otros actuaron para celebrar la apertura al público del **Rock and Roll Hall of Fame and Museum**.

El Rock and Roll Hall of Fame and Museum, la mayor y más importante institución de rock del mundo, había nacido como fundación una docena de años antes, el 20 de abril de 1983, por voluntad de su presidente y fundador, el legendario empresario discográfico Ahmet Ertegun.

«NACÍ Y CRECÍ EN CLEVELAND, CIUDAD QUE HA INSPIRADO MUCHAS DE MIS CANCIONES»

Marc Cohn

Ertegun había reunido a un grupo de magnates del negocio musical, como el editor de *Rolling Stone* Jann Wenner o el poderoso empresario discográfico Seymour Stein. A partir de 1986, la fundación comenzó a nominar cada año a los artistas que podían entrar a formar parte del Hall of Fame. Pero todavía no tenía una sede. Se la disputaban cinco ciudades: Memphis, Detroit, Cincinnati, Nueva York y Cleveland. Esta última no sólo apostó por su crédito artístico, sino que también puso sobre la mesa una financiación pública de 65 millones de dólares (además de una encuesta realizada entre seiscientos mil fans que preferían esta ciudad antes que Memphis).

Cleveland Municipal Stadium

Rock and Roll Hall of Fame and Museum

De esta manera, a pesar del disgusto de «Mr. Sun Records» Sam Phillips y del historiador Peter Guralnick, el 5 de mayo de 1986, el Rock and Roll Hall of Fame and Museum eligió oficialmente a Cleveland, Ohio, como su sede permanente. No mucho más tarde, se identificó el emplazamiento adecuado: a orillas del lago Erie, a poca distancia del centro urbano, entre el estadio de los Cleveland Browns y el Great Lakes Science Center. El afamado arquitecto Ieoh Ming Pei fue el encargado del proyecto y, replicando la pirámide de vidrio y metal que, entre mil polémicas, había hecho instalar en el Louvre de París, diseñó una torre de la que se desprendía la pirámide de vidrio.

BANDA SONORA ★★★

SILVER THUNDERBIRD

MARC COHN – *MARC COHN* (1991)

«La veo llegar desde Winslow Road y luego dar la vuelta en South Park Boulevard...». Así, con una sección de «downtown Cleveland» comienza una de las piezas más intensas del fantástico álbum de debut de Marc Cohn, un acto de amor hacia su ciudad y un automóvil que ha marcado época. «Si hay un dios en el cielo, seguramente conduce un Thunderbird plateado». Paradisíaco.

La torre mide 49 metros de altura, mientras que el total de los locales supera los 14.000 metros cuadrados. El inicio de las excavaciones y de la construcción se produjo el 7 de junio de 1993 con una ceremonia en la que participaron algunos grandes personajes que han escrito la historia del rock, desde Sam Phillips hasta Ruth Brown, pasando por Sam and Dave y Pete Townshend. El museo fue inaugurado el 1 de septiembre de 1995, y la cinta la cortaron, entre otros, Yoko Ono y Little Richard, frente a diez mil personas.

El edificio tiene siete pisos. La planta baja (dedicada a Ahmet Ertegun) acoge una exhibición permanente sobre las raíces del rock: el blues, el folk, el gospel, el

Interior del Rock and Roll Hall of Fame and Museum

country, el rhythm and blues... Las dos últimas están consagradas a grandes muestras que comenzaron su andadura aquí en Cleveland pero que posteriormente se han podido ver en todo el mundo, como por ejemplo, las dedicadas a John Lennon, U2, Bruce Springsteen o, más recientemente, sobre los Rolling Stones. Una de las más hermosas, aclamadas y de mayor éxito se inauguró en 1997, para el trigésimo aniversario del Summer of Love. Titulada «I Want To Take You Higher: The Psychedelic Era, 1965-1969», acogía la exposición de recuerdos realmente raros de los mayores artistas de la época, así como dos zonas excepcionales sobre los festivales de Woodstock y Monterey.

En la primera y segunda planta se cuentan varios teatros y escenarios en los que se organizan acontecimientos musicales o se proyectan películas y documentales. La tercera y cuarta plantas están reservadas al Hall of Fame: una pared gigantesca muestra los autógrafos de todos los que forman parte del Hall, un teatro presen-

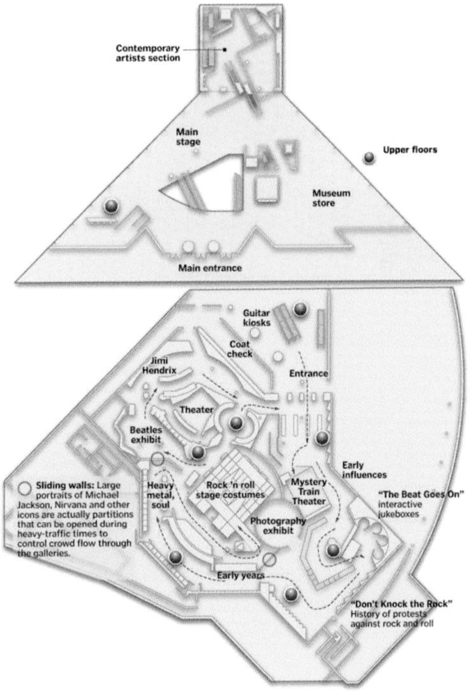

La casa de Chuck Berry en 4420 Cottage Avenue en St. Louis

ta las diferentes ceremonias y las correspondientes actuaciones musicales, otros espacios expositivos contienen recuerdos varios de los artistas incluidos en el Hall.
Desde su apertura, el Rock and Roll Hall of Fame and Museum ha recibido la visita de nueve millones de espectadores, y ha generado dos mil millones de dólares de ingresos para la ciudad de Cleveland. Sólo

Los escándalos de MR. BERRY

Su «carrera» comenzó en 1944. Después de haber atracado junto a un par de amigos tres tiendas de Kansas City y robado un automóvil, Chuck Berry fue arrestado por «robo a mano armada»: estuvo tres años en el reformatorio de Algoa, Missouri.
En 1959, después de abrir el **Club Bandstand** en St. Louis (814 North Grand Avenue) en el que soñaba que pudieran convivir negros y blancos, fue arrestado por haber violado el Mann's Act (trata de blancas). Después de seducir a una camarera de catorce años de origen apache y haber intentado convencerla de que trabajara en el Bandstand, fue detenido por la policía una vez hubo atravesado los límites del estado. Al final de algunos procesos, fue condenado a un año y medio de reclusión.
A finales de la década de 1980, Chuck adquirió el **Southern Air**, un restaurante en **Wentzville**, Missouri. Poco tiempo después, fue denunciado por algunas mujeres que afirmaban haber sido filmadas con una cámara de vídeo que Chuck había colocado en el baño del local. A consecuencia de este hecho, 59 mujeres formaron una «class action» contra Berry que lo resolvió pagando una suma total de 1.200.000 dólares. Después de un registro en casa de Berry se encontraron las cintas del Southern Air: una de las muchachas era menor. La policía descubrió asimismo 62 gramos de marihuana. Chuck se escapó de la prisión pagando una multa considerable. En 2000, su gran amigo, *partner* artístico e inspirador, Johnnie Johnson, lo denunció: afirmaba que al menos 50 de sus grandes éxitos los habían escrito los dos juntos, pero estaban acreditados tan sólo a nombre de Chuck.
El juicio no le dio la razón.

Southern Air

Casa de Chuck Berry (3137 Whittier Street)

el museo produce 100 millones de dólares cada año, y ha creado en global 950 puestos de trabajo.

La ceremonia para las nóminas de los nuevos miembros del Hall se celebra alternativamente en nueva York, Los Ángeles y también en la propia sede de Cleveland.

El primer artista en ser nombrado en el Rock and Roll Hall of Fame fue Chuck Berry. Chuck no tiene mucho que ver con Cleveland, pero muchísimo con **St. Louis**, su ciudad natal, en Missouri. La casa en que nació (2520 Goode Avenue) ya no existe; en su lugar se erige el Home G. Phillips Hospital. Y sin embargo, aquel lugar sigue transmitiendo «buenas vibraciones» a los aficionados, entre otras cosas porque, justamente en aquellos primeros años de vida, el pequeño Chuck recibió su «bautismo» musical: sus padres, de fe bautista, cantaban en el coro de la iglesia, que se reunía para los ensayos en la primera planta de la casa de los Berry. Unos años más tarde, Chuck y sus padres se trasladaron al 4420 de Cottage Avenue, a pocos centenares de metros de la anterior residencia, en el barrio septentrional de St. Louis conocido como «**The Ville**». La casita de ladrillos rojos que hoy podemos admirar y en la que Berry Sr. mandó instalar un teléfono («Me pasé bastante tiempo –recuerda Chuck- intentando entender para qué servía y cómo funcionaba») acogió a la familia durante un par de años. Luego, una nueva mudanza. Esta vez, el 4319 de Labadie (hoy es un prado deshabitado, pero sigue siendo propiedad de Chuck Berry) fue la casa de los

«SI QUEREIS DAR OTRO NOMBRE AL ROCK'N'ROLL, LLAMADLO CHUCK BERRY»

John Lennon

> **BANDA SONORA**
>
> **A FOOL IN LOVE**
>
> IKE & TINA TURNER (1960)
>
> Es el primer tema de la asociación entre Ike Turner y su futura esposa, Tina. Los dos se habían conocido en un club de East St. Louis (el Manhattan Club), y justamente allí nació su relación artística y personal. Propiciatorio.

Berry durante años. Chuck vivió allí bastante tiempo, y regresó, después de cuatro años de presidio, junto a su mujer Themetta, con quien se casó justo el día de su excarcelación, así como de su vigésimo primer cumpleaños, el 18 de octubre de 1947. Cuando fue posible, la pareja se trasladó al **4352 de Delmar Boulevard**, a una casa roja que pertenecía al tío de Chuck. Pero para todos los fans, la vivienda en el **3137 de Whittier Street** es la más querida. Chuck la adquirió en 1950, en el mismo año en que compraba su primera guitarra eléctrica. Se dice que en aquellas habitaciones, donde vivió de 1950 a 1958, escribió sus canciones más célebres: «Johnny B. Goode», «Rock and Roll Music», «Roll Over Beethoven», «Maybellene» o «Sweet Little Sixteen». Desde 2012, la casa está inscrita en el Registro Nacional de Lugares Históricos de América, sigue desocupada y es propiedad del municipio de St. Louis.

Finalmente, la elegante casita en el **13 de Windermere Place** fue la última vivienda de los Berry en St. Louis, antes de su traslado fuera de la ciudad, en Wentzville, a unos cincuenta kilómetros en la vieja Highway 70, en una gran propiedad conocida como **Berry Park**. Construido en 1957 pero abierto al público en 1961, el Berry Park habría tenido que ser una especie de Disneyland del rock'n'roll, con minigolf, piscina, un zoo para los más pequeños y, obviamente, una zona destinada a acoger grandes conciertos. El proyecto no llegó a despegar por diferentes problemas, entre ellos los de Chuck con la ley. Y de esta manera, Chuck y Themetta usaron a menudo Berry Park como residencia alternando con una vivienda en Ladue, en la periferia de St. Louis.

> **«MI BAUTISMO MUSICAL FUE EN ST. LOUIS, EN LA CASA EN LA QUE VIVÍA, Y DONDE MIS PADRES ENSAYABAN CON EL CORO EN EL QUE CANTABAN»**
>
> *Chuck Berry*

Bienvenidos a Berry Park

Hoy, una enseña de mármol (691 Buckner Road) señala al público el Berry Park, pero los visitantes no son bienvenidos, ni siquiera si se les invita: se dice que cuando la banda que reunió Keith Richards para la película *Hail Hail Rock and Roll* vino a rodar algunas escenas, Chuck Berry hizo pagar a Richards y a los demás el alquiler de las guitarras.

Es bastante más sencillo, volviendo a la ciudad, hacer una visita al **Blueberry Hill**, el local creado por Joe Edwards en 1972. En aquellos días, el Delmar Boulevard era una zona aislada y deprimida y aquel edificio vic-

El célebre Blueberry Hill en St. Louis, el club preferido de Chuck Berry

toriano, un almacén en desuso, en el número 6504, estaba casi en ruinas. Pero Joe y su mujer, Linda, lo transformaron poco a poco en un templo del rock que también incluye un restaurante, una tienda de discos y un pequeño museo de reliquias (entre las cuales, la guitarra con la que, se dice, Chuck Berry compuso «Johnny B. Goode»). En 1985 se abrió la **Elvis Room**, comenzando de esta manera la actividad en directo del Blueberry Hill. Doce años más tarde, Joe Edwards y Chuck Berry tuvieron una interesante conversación: Chuck sentía nostalgia de los conciertos en clubes pequeños. Y entonces, le dijo Joe, ¿por qué no damos vida a un ciclo de espectáculos en el local? Dicho y hecho. En 1997 nació la **Duck Room** (340 plazas), ¡donde Chuck Berry actuó 200 veces!
Entretanto, gracias al olfato y a la capacidad empresarial de Edwards, el Delmar Loop se convirtió en la zona más viva y colorista de St. Louis y en una de las «10 calles más atractivas de los Estados Unidos», sin olvidar la música. En efecto, porque además del Moonrise Hotel, el Peacock Diner y el Pageant, un teatro para conciertos de dos mil asientos, Joe Edwards creó el **Wall of Fame** (la placa dedicada a Chuck Berry fue la primera de una larga serie) y encargó a Harry Weber que esculpiera una estatua de Chuck que se exhibe con el celebérrimo duck walk delante del Blueberry Hill. Como si, para siempre jamás, repitiera, «Hail Hail Rock and Roll».

Estatua de Chuck Berry frente al Blueberry Hill

CBGB
OMFUG
315
315
No Smoking
No Smoking!
USE THIS DOOR!
T-SHIRTS
NEXT DOOR!

3
UNA GRAN MANZANA ROCK

Una peregrinación devota a la «ciudad que nunca duerme», entre los mil sonidos de Nueva York. Desde las poéticas baladas folk del Greenwich Village hasta las ásperas canciones rock del Bowery, pasando por los templos históricos de la música estadounidense o las atmósferas bucólicas de Woodstock, donde en verano de 1969, un millón de jóvenes (y un centenar de artistas) cambiaron la historia de la música, de la cultura y de la manera de hacer arte de los seres humanos.

WASHINGTON SQUARE SERENADE

Desde siempre ha sido el barrio de los artistas, de los poetas, de los bohemios. Y si en la década de 1950, los poetas beat y el bebop inundaban sus clubes, en los primeros sesenta fue la meca del folk revival, el lugar más «in» de la escena musical internacional. En la década de 1970 acogió a estrellas del rock famosas que buscaban refugio y anonimato, mientras que en la de 1980 vio nacer a una nueva generación de cantantes folk. Desde hace un tiempo, en cambio, el Greenwich Village es una de las zonas más codiciadas de Nueva York, con alquileres astronómicos y precios de compra inaccesibles para la mayoría. Y sin embargo, sus locales, sus callejuelas, exhalan pedazos de historia de la música que todavía hoy estremecen a los apasionados de toda edad y procedencia.

El edificio situado en el número **105 de Bank Street**, a dos pasos del río Hudson, es famoso por haber sido la residencia de Louis Nolte, rico productor de bolsas de papel y protagonista de una estafa a su propia familia, que a finales del siglo XIX, escandalizó Nueva York y a todo el país. En la década de 1960, el edificio fue adquirido por el batería de los Lovin' Spoonful, Joe Butler. La banda de folk rock, capitaneada por John Sebastian, había tenido un éxito discreto con piezas como «Do you Believe in Magic» o «Summer in the City», y de esta manera Butler había decidido invertir sus ganancias en aquella casa del **Greenwich Village**, barrio bohemio que se convirtió en el corazón del revival folk. Sus vecinos, en el 107, eran el compositor John Cage y el bailarín y coreógrafo Merce Cunningham, mientras que en el 120 se encontraba el HB Studio, una escuela profesional de interpretación en la que, entre otros, habían estudiado también Al Pacino y Robert de Niro.

En octubre de 1971, Butler había alquilado uno de los dos apartamentos de la segunda planta del 105 a una apareja famosa, formada por John Lennon y Yoko Ono. A finales de agosto, después de ceder a Ringo Starr su residencia de Tittenhurst Park, mansión histórica en la calma bucólica del Berkshire, los cónyuges Lennon habían decidido trasladarse a Nueva York. Ella estaba buscando a su hija Kyoko, desaparecida junto a su padre, Tony Cox, él comenzaba a desarrollar en su interior

105 Bank Street, la residencia de John y Yoko en el Village

TALKIN' NEW YORK

BOB DYLAN – *BOB DYLAN* (1962)

Un *talkin' blues* autobiográfico del primer Dylan, todavía inmaduro pero ya con el carácter fuerte que lo distinguía del resto de la tropa. Una doble declaración de amor: para la «moderna Gomorra» (como él llamaba a Nueva York) y para el Greenwich Village. Incisivo.

el deseo de conocer a fondo una ciudad que siempre lo había fascinado y en la que había elegido vivir.

Después de pasar un par de meses en las habitaciones del elegante **St. Regis Hotel** (55th Street y 5th Avenue), donde el 5 de septiembre de aquel mismo año había celebrado un concierto destinado a pasar a la historia, John había preferido respirar la espumeante atmósfera del East Village, con la esperanza, al mismo tiempo, de encontrar allí tranquilidad y anonimato. A Lennon no le interesaban las comodidades y la opulencia, más bien se sentía atraído por los fermentos de la izquierda estadounidense. En el apartamento de Bank Street, los cónyuges Lennon frecuentaban asiduamente a los radicales más conocidos y activos del país: Jerry Rubin, Abbie Hoffmann, John Sinclair. Este último, a quien las autoridades estadounidenses marcaban de cerca, se había pasado diez años en la cárcel por haber comprado dos porros a una policía secreta. El caso había despertado sensación, y Lennon había capitaneado la revuelta del mundo del arte y del espectáculo forzando al gobierno estadounidense a liberar a Sinclair.

En los Estados Unidos, John no era bienvenido: sobre su cabeza pendía una condena por posesión de marihuana que se remontaba a 1968. Durante cuatro años había llevado a cabo una batalla legal para obtener la Green Card, con la que poder entrar y salir libremente del país. Como si esto no bastara, justamente en aquellos días en que se hallaba en Bank Street, el músico era espiado por el FBI, dirigido entonces por el famoso Edgar J. Hoover: el establishment temía que la inmensa popularidad del ex-Beatle pudiera ejercer de caja de resonancia a sus ideas radicales, provocando un trasvase de votos de los más jóvenes desde los republicanos hacia los demócratas. Todo ello, unido a un robo en el apartamento de Bank Street y al creciente consumo de heroína por parte de John, llevó a los cónyuges Lennon a dejar el Village y a trasladarse al lujoso **Dakota Building** de Central Park West (1W. 72nd Street). Ironía del destino, el 8 de diciembre de 1980 John Lennon fue asesinado por un fan psicópata llamado Mark David Chapman, justamente frente a la entrada del Dakota. Diez meses antes, el 2 de febrero de 1979, en Bank Street (en el número 63, en el apartamento de Michelle Robinson) se consumó otra tragedia rock: Sid Vicious, de 21 años, moría de sobredosis de heroína.

«LEÍAMOS A LOS BEATNIK Y FANTASEÁBAMOS CON PODERLOS CONOCER. UN DÍA FUIMOS AL GREENWICH VILLAGE Y DESCUBRIMOS QUE LOS BEATNIK ERAN AUTÉNTICOS ARTISTAS»

Richie Havens

Situado en la parte occidental de la zona sur de Manhattan, el Greenwich Village tiene una historia antigua que se remonta a los asentamientos europeos del siglo XVII (el propio nombre, «pueblo verde», tendría, al parecer, orígenes holandeses). Sin embargo, su

El arco de Washington Square

fama de barrio bohemio nació un par de siglos más tarde, entre finales del siglo XIX y principios del XX, cuando la burguesía neoyorquina decidió abandonarlo atraída por las más elegantes formas arquitectónicas de Uptown Manhattan, mientras que en el Village habían comenzado a florecer galerías, teatros experimentales y escuelas de arte. En el mismo período,

Washington Square con músicos callejeros

personajes excéntricos y creativos habían comenzado a transitar por las callejuelas del Village transformando aquella «Little Bohemia», como alguno comenzó a llamarla, en una especie de Montmartre norteamericano, en el que poetas, artistas y músicos compartían consciencia civil, sensibilidad política, consciencia creativa. En poco tiempo, la atmósfera particular de la zona logró atraer a personajes del calibre de Walt Whitman, Mark Twain o Robert Louis Stevenson, en primer lugar, y posteriormente a Jackson Pollock y Salvador Dalí, que se instalaron en el Hotel Albert (11th Street y University Place). Con ellos, en el Village, se establecieron también Isadora Duncan, William Faulkner y muchas otras mentes iluminadas del siglo XX, entre las cuales algunos pensadores, como John Reed, que enfatizaron el cariz político del barrio llevando a la irónica creación de una República Independiente del Greenwich Village, con folclórico desfile de globos aerostáticos, justo sobre el arco de **Washington Square**.

Construida en 1826, la plaza constituye todavía hoy la puerta de entrada al Village. Se caracteriza por un arco de madera y yeso construido en 1889, con ocasión del centenario de la presidencia de George Washington. Otros dos monumentos

BANDA SONORA ★★★

COME BACK BABY

DAVE VAN RONK – *FOLKSINGER* (1963)

Un blues muy querido por todos los cantantes de folk del Village (comenzando por Dylan), pero que Van Ronk supo hacer suyo gracias a un toque inconfundiblemente elegante: un clásico de Gaslight, su local preferido. Fundamental.

–uno a Giuseppe Garibaldi y otro a Alexander Lyman Holley, iniciador de la industria del acero- embellecen el parque junto a la fuente central. Justamente esta última, desde los años de la posguerra, fue el lugar de encuentro para miles de cantantes folk. Todos los domingos por la tarde, Washington Square se transforma en un escenario informal para todo aquel que quiera hacer oír sus canciones. Las protestas de los habitantes de la zona, molestos por la presencia de los beatnik, llevaron a la obligación de un permiso para todos aquellos que desearan actuar.

El 9 de abril de 1961, propietario del **Folklore Center** (tienda de libros y discos en MacDougal Street, pero también lugar de encuentro para muchos cantantes folk de la década de 1960) reunió, sin permiso, a 500 músicos que comenzaron primero a tocar y luego a marchar hacia la Quinta Avenida. Allí comenzaron los enfrentamientos con la policía: el incidente pasó a la historia como «beatnik riot».

«DAVE VAN RONK ERA CAPAZ DE AULLAR Y DE SUSURRAR, DE TRANSFORMAR UNA BALADA EN UN BLUES Y UN BLUES EN UNA BALADA. ENCARNABA A LA PERFECCIÓN EL ESPÍRITU DEL VILLAGE: ES MÁS, ÉL ERA EL REY DEL GREENWICH VILLAGE»

Bob Dylan

Washington Square, todavía hoy, es un punto de encuentro para artistas callejeros y cantautores emergentes. Entre la segunda mitad de la década de 1950 y los primeros años de la de 1960, la zona comprendida entre Washington Square, St. Luke's Place y 14th Street se convirtió en el corazón palpitante de una nación al-

The Gaslight, uno de los mitos del Greenwich Village

ternativa. Fue la época de la beat generation y, frente a **Rienzi**, coffee house en el 107 de MacDougal, frecuentada entre otros por un jovencísimo James Dean, había un local llamado **Gaslight**, lugar de encuentro de escritores y poetas. Allí, Gregory Corso, Allen Ginsberg y Jack Kerouac presentaban en público lo que se definió como «poesía automática», es decir, compuesta en un estado de excitación mental y en contraste con la más profunda y estructurada de los poetas románticos.

«NOSOTROS, EN EL VILLAGE, MÁS QUE ARTISTAS NOS SENTÍAMOS ARTESANOS: BRILLANTES A LA HORA DE ENSAMBLAR VERSOS Y NOTAS»

Dave Van Ronk

A finales de la década de 1950, el Village de los beat mezclaba la poesía de Ginsberg y Kerouac con los rebeldes hollywoodienses (Brando y Dean), el teatro de vanguardia con el jazz que, en Nueva York había encontrado el ambiente adecuado para desarrollar la primera de sus revoluciones estilísticas (el bebop), impulsada por artistas geniales como Charlie Parker, Dizzy Gillespie, Thelonious Monk y Miles Davis.

A PROPÓSITO DE LLEWYN DAVIS...

Inspirada en la autobiografía de Dave Van Ronk, el «alcalde» de MacDougal Street, *Inside Llewyn Davis* («A propósito de Llewyn Davis», 2013), es una película de los hermanos Coen aclamada por la crítica y vencedora de numerosos premios, entre ellos la Concha de Oro del Festival de Cannes.

Ambientada en el Nueva York de principios de la década de 1960, la historia gira en torno a la figura de Llewyn Davis, cantante folk del Gaslight, en plena crisis artística y personal: su compañero musical se ha suicidado, su álbum ha sido un fiasco, su vida sentimental es caótica. Y él está sin casa y sin dinero. La «trama-no trama», tal como la definieron los Coen, está constituida por un viaje interior en la mente complicada de Davis, una mezcla entre Dave Van Ronk y Ramblin' Jack Elliott: el suyo es un mundo turbulento hecho de emociones, desilusiones, esperanzas, lamentos y decepciones. La banda sonora es obra de T-Bone Burnett, con la colaboración de Marcus Mumford de los Mumford & Sons, y la interpretan los actores, entre ellos un sorprendente Justin Timberlake. A pesar de las aclamaciones de la crítica y las excelentes reconstrucciones histórico-musicales (como por ejemplo la carátula del álbum de Davis, copia exacta de *Inside Dave Van Ronk*), la película no gustó a los viejos aficionados al folk del Village. Comenzando por la viuda de Van Ronk, Terri, que, decepcionada por la película, la definió como «totalmente carente de sentido de la realidad».

También Suzanne Vega expresó su disgusto. «Una escena vibrante, alcohólica e incluso competitiva, como la del revival folk de los sesenta –dijo–, ha sido transformada en una película lenta, oscura y melancólica.»

Village Vanguard

Allen Ginsberg, que ya en 1952 iba a oír a Charlie Parker al Village, había sintetizado el concepto en la dedicatoria de su *Jukebox de hidrógeno*: «A Jack Kerouac, nuevo Buda de la prosa americana, que ha irradiado inteligencia en once libros creando una prosodia espontánea bop y una literatura clásica original». Kerouac, más que otros, se había adentrado en la contaminación entre jazz y poesía, llegando incluso a actuar en el escenario del **Village Vanguard** (templo del jazz abierto en 1935 en el 178 de 7th Avenue) en una especie de recital a medio camino entre monólogo e improvisación scat. Hacia finales de la década de 1950, los poetas beat emigraron de Manhattan a San Francisco, en el barrio italiano (North Beach), pero dejaron tras de sí, en Nueva York, un enorme número de bares, locales, cabarets –en los que se estaban abriendo camino futuras estrellas del calibre de Woody Allen y Barbra Streisand- y sobre todo de clubes musicales, concentrados todos ellos en el área restringida del Village neoyorquino. Aquí se ofrecía una

THE VILLAGE VOICE

Fue una de las revistas independientes más famosas de los Estados Unidos.
Fundada en otoño de 1955 por Norman Mailer y por tres socios más, el semanario alternativo en formato tabloide, nació en un pequeño apartamento del Greenwich Village. Y propio Village fue el área en que, inicialmente, se distribuyó el periódico. El *Village Voice*, que a lo largo de los años realizaría varia exclusivas y encuestas candentes sobre la ciudad de Nueva York, se ocupó de política y de actualidad, pero siempre reservó un amplio espacio a la cultura, al arte, al entretenimiento y a la música. Y además de las reseñas de álbumes y conciertos, ofreció un servicio de información fundamental: las fechas de todos los directos musicales y la lista de los locales.
Vencedor de tres premios Pulitzer, el Village acogió firmas excelentes de la poesía y de la narrativa norteamericanas, de Ezra Pound a Henry Miller, pasando por e.e.cummings y Allen Ginsberg.
En el periodismo musical, el semanario cedió sus páginas a primeras plumas como Lester Bangs y Robert Christgau, cuyo sondeo *Pazz & Jop* sigue siendo uno de los puntos de referencia de la crítica internacional.
El *Village Voice* fue el primer y más importante apoyo al revival folk de los primeros años sesenta, pero en la actualidad ha perdido el espíritu bohemio de la época. Hoy, Village Voice Media ostenta la propiedad de la cabecera pero también de otros 17 semanarios repartidos por todo el país.

the village Voice 15¢
20¢
Ch. 13 Turns 'The Golden Screw' – p. 8
LBJ or RFK?
LSD or SDS?
The Handwriting Is On the Bathroom Wall

Ejemplar del *Village Voice*, principio de la década de 1960

El Cafe Wha?: aquí nació el mito de Jimi Hendrix

oportunidad impagable a los jóvenes cantantes folk de Washington Square que ansiaban exhibirse frente a un público dispuesto a escuchar sus canciones. Las veladas llamadas «open mike» (micrófono y, sobre todo, escenario abierto a todo el mundo) eran muy buscadas, así como las *basket house* donde, al final de sus exhibiciones, los músicos pasaban una cestita («basket» en inglés) en la que el público introducía la voluntad. Así comenzaron su leyenda algunos locales del Village: The Gaslight, Cafe Wha?, The Bitter End, Gerde's Folk City. Aquí actuaban los grandes personajes del revival folk, gente como Dave Van Ronk, Ramblin' Jack Elliott, Cisco Houston, Sonny Terry & Brownie McGee o Reverend Gary Davis, como recuerda bien un joven Bob Dylan que, en enero de 1961, dejó por primera vez sus huellas en las aceras nevadas de una gélida Nueva York.

Uno de los primeros clubes que visitó Dylan fue el **Cafe Wha?** (115 MacDougal, en la esquina con Minetta Lane), fundado a finales de la década de 1950 por Manny Roth. En su autobiografía, *Chronicles vol. 1*, Dylan lo describe como «un semisótano oscuro, con el techo bajo, donde no se vendían bebidas alcohólicas; una especie de gran sala con sillas y mesitas». En aquellos días, el cantante folk Fred Neil seleccionaba a los artistas e, impresionado por la armónica de Bob, lo invitó a subir con él al escenario. Para los artistas, tocar en los locales del Village significaba contar en primer lugar con un lugar caliente en el que poder comer, luego intercambiar ideas y conocimientos. Pocos años más

BANDA SONORA ★★★

HANDSOME JOHNNY

RICHIE HAVENS – *MIXED BAG* (1966)

Nadie en el Village tocaba y cantaba como Richie Havens. Nadie como Richie supo versionar de modo tan personal sin traicionar el espíritu de los temas. Esta pieza contra la guerra fue su primer éxito. Emocionante.

Gerde's Folk City, el templo del revival folk

tarde, en septiembre de 1966, en el mismo escenario del Cafe Wha?, Chas Chandler, ex bajista de los Animals, convenció al todavía desconocido Jimi Hendrix a que viajara con él a Londres. Hoy, el Cafe Wha?, como muchos de los lugares históricos del Village, vive del mito de los tiempos pasados, como reflejan los elementos históricos de la entrada (carteles y fotos de Hendrix, Richie Havens, Springsteen, Little Richard, Jerry Lee Lewis, etc.). En cualquier caso, la actual banda de la casa no está nada mal. También en MacDougal, en el 116, se encontraba el ya mencionado **Gaslight Cafe**, también en un semisótano; la entrada se encontraba junto al Kettle of Fish, uno de los bares preferidos por los artistas, en particular por Dylan, que llegó a vivir allí. El Gaslight fue el templo de Dave Van Ronk que, en parte por ello, era conocido como «el alcalde de MacDougal Street». Pero junto a él, comenzando por Bob Dylan, tocaron allí todos los principales nombres del revival folk. Los conductos de aireación del local estaban conectados con los de los apartamentos de los pisos superiores y, de este modo, cuando la gente aplaudía, los vecinos se quejaban por el ruido. Por este motivo, los artistas pedían al público que no aplaudieran sino que chasquearan los dedos. Después de varias vicisitudes y cambios de propiedad, el local se cerró en 1971. Hoy, en su lugar, hay una graciosa coctelería, Up & Up.

El **Kettle of Fish** estuvo en MacDougal hasta 1986, y luego se desplazó al emplazamiento de la primera sede del Gerde's Folk City, pero ha perdido el espíritu originario. Sí mantiene el mismo encanto de la época el **Caffè Reggio** (119 MacDougal), fundado en 1927 por Domenico Parisi, el primero que introdujo el cappuccino en los Estados Unidos. Frecuentado por artistas y celebridades varias (en 1959 John Kennedy pronunció un largo discurso en la acera de enfrente), el Caffè Reggio fue inmortalizado en decenas de películas (*El Padrino*, *A propósito de Llewyn Davis*, etc.).

En el emplazamiento del Caffè San Remo (93 MacDougal), histórico lugar de encuentro de los beatnik, hoy se puede ver una placa conmemorativa.

El **Gerde's Folk City** fue uno de los puntos de referencia de la escena del revival folk. Abierto por Mike Porco como restaurante, se convirtió en un templo del folk en junio de 1960. Fue allí donde, el 29 de septiembre de 1961, Robert Shelton, crítico del New York Times, reseñó un concierto de Bob Dylan: gracias a aquel artículo, el nombre de Dylan comenzó a pasar de boca en boca. También en el Gerde, Dylan presentó en público «Blowin' in the Wind», y justamente allí, por primera vez, conoció a Joan Baez. Durante unos diez años, el local

BANDA SONORA

GREENWICH VILLAGE FOLK SONG SALESMAN
NANCY SINATRA & LEE HAZELWOOD (1968)
«Lo conocí en una esquina del Greenwich Village...», canta Nancy en esta graciosa parodia de la escena folk de los años sesenta. Sinatra no oculta el divertido espíritu de la canción ni siquiera en su modo de cantar. Sarcástica.

El famoso Caffè Reggio, la patria del Cappuccino en los Estados Unidos

JAZZ EN EL VILLAGE

En un par de horas es posible recorrer a pie el camino del jazz en el Greenwich Village. Comienza en el apartamento de 151 Avenue B (la llamada «**Bird's House**» o «Charlie Parker Place»), en la que Charlie Parker vivió los últimos cuatro años de su vida. Adquirida en 1979 por el promotor de conciertos de jazz Judy Rhodes, la casa se dejó posteriormente como sala de pruebas a los muchos grandes jazzistas cuyas fotos señorean todavía hoy en sus paredes. La Bird's House ha sido incluida en el registro nacional de lugares históricos.
En las cercanías está el **NuBlu** (62 Avenue C), local abierto en 2002 por el músico y empresario sueco Ilhan Ersahin. El NuBlu vio nacer sonoridades mixtas entre jazz, música electrónica y música étnica como las de Forrò in the Dark, y habitualmente lo frecuentan artistas como John Zorn, Norah Jones, Bebel Gilberto o David Byrne. Detrás del NuBlu (242 E 3rd Street) se hallaba antaño el legendario Slugs Saloon, donde tocaba Mingus y donde el trompetista Lee Morgan fue asesinado por su novia durante la pausa de un concierto.
En las inmediaciones de Mark's Place (5 Cooper Square) se encontraba **The Five Spot**, local en el que solía tocar el cuarteto de Thelonious Monk con John Coltrane, y donde otro gran cuarteto, el de Ornette Coleman, comenzó su andadura. Allí cerca está el estudio RivBea de Sam Rivers y de su mujer Bea, primer ejemplo de la escena loft del free jazz de Nueva York.
Hoy, la zona de Bleecker Street sigue llena de clubes de jazz y de blues: **Terra Blues** (149 Bleecker) es uno de los más fascinantes, y con uno de los mejores programas, a caballo entre blues, soul y jazz. Pero también **Le Poisson Rouge** merece la visita. El local (158 Bleecker) se llamaba antaño Village Gate y allí, Miles Davis, Roland Kirk, Herbie Mann y muchos otros hicieron época. Tampoco se pueden olvidar el **Kenny's Castaways**, el **Sullivan Hall** y, naturalmente el legendario **Blue Note** (131 W 3rd Street).
Desde allí, en las inmediaciones de Sheridan Square, están el histórico **55 Bar** –abierto en 1919 en el 55 de Christopher Street, donde todavía hoy se encuentran guitarristas de jazz y de blues con vocalistas emergentes– y la sede del antiguo **Sweet Basil**, que durante unos veinte años fue uno de los templos mundiales del jazz, reino de David Murray y Gil Evans.
En el 75 de Christopher se encuentra el **Fat Cat**, un jazz lounge para nuevos talentos, como también el vecino **Small's** (183 W 10th Street), apto para quien quiere disfrutar de la *happy hour*.*****.
Pero al final, una gira de jazz por el Village sin una parada en el mítico **Village Vanguard** (178 7th Avenue S.) no tendría sentido. Considerado por muchos «the finest jazz club in the world», el Vanguard ha acogido a los más grandes. En sus locales se han grabado álbumes legendarios como los de Sonny Rollins, John Coltrane y Bill Evans. Abierto en 1935 por Max Gordon, el local, antes de dedicarse sólo al jazz, albergó también lecturas de poesía y conciertos folk. Como entonces, se encuentra en plena actividad.

En el Gerde's Folk City, Bob Dylan y Joan Baez coincidieron por primera vez

estuvo en su sede histórica (West 4th Street), antes de trasladarse, en 1970, al 130 de W. 3rd Street, donde hoy se encuentra **The Village Underground**, un club de música en directo y de cabaret.

The Bitter End resiste al paso del tiempo

Entre los viejos locales resiste el legendario **The Bitter End** (147 Bleecker Street), fundado en 1961 por el director y productor Fred Weintraub. El club, que acogió las primeras gestas de Peter, Paul & Mary o del gran Lenny Bruce, era famoso por sus *hootenanny* del martes por la noche, veladas folk con el escenario abierto a todo el mundo y en las que actuaron artistas destinados a ser famosos. A mediados de la década de 1970, el local cambió de nombre (The Other End). Aquí tomó forma la Rolling Thunder Revue, la memorable caravana hippy ideada por Bob Dylan en la que se embarcarían, entre otros, Joan Baez, Joni Mitchell, Roger McGuinn, T-Bone Bornett y Ramblin' Jack Elliot. Tras volver a adoptar su nombre original, el Bitter End ha albergado conciertos y actuaciones que luego se convirtieron en célebres álbumes en directo. Hoy, el Bitter End, que se autoproclama «el club de rock más antiguo de Nueva York», prosigue en el surco de la tradición, a caballo entre música folk y cabaret, con veladas dedicadas a debutantes.

Entre los muchos lugares del Village que se encuentran en el corazón de todos los dylanólogos, hay uno que es el más querido de todos. Es la **esquina entre Jones Street y W. 4th Street**, es decir, el punto exacto en el que, en febrero de 1963, el fotógrafo de la CBS Don Hunstein retrató a Dylan abrazado a su novia de la época, Suze Rotolo, para lo que se convertiría en la foto de carátula de *The Freewheelin' Bob Dylan*. Ambos fueron inmortalizados mientras paseaban a pocas manzanas del apartamento (161 W. 4th Street) que compartían en aquel período. «Una casa en la que hacía un frío terrible –recordó Suze

LA CASA DE LOS BEATNIK

En la esquina entre Hudson Street y la calle 11 sigue ahí la mítica **White Horse Tavern**. Construida en 1880 y frecuentada preferentemente por descargadores portuarios, en la década de 1950 esta taberna se convirtió en uno de los lugares más queridos por la comunidad literaria neoyorquina.

Entre los que la frecuentaron habitualmente estaba el bardo galés Dylan Thomas quien, en 1953, justamente en estos locales, al parecer agarró una borrachera colosal antes de que le transportaran de urgencia al hospital, donde murió pocos días más tarde.

También Delmore Schwartz, Hunter Thompson, Bob Dylan y Jim Morrison eran aficionados a los combinados de la White Horse Tavern, aunque el «bebedor» más exagerado de todos era un tal Jack Kerouac... El autor de *En la carretera*, que vivía a pocos pasos de allí, más de una vez fue expulsado del local ebrio a más no poder. Hasta el punto de que, todavía hoy, en los baños de la taberna señorea la inscripción «Jack go home».

Entre la Quinta y la Sexta Avenida (5 W 8th Street) se halla una auténtica casa para los poetas de la generación beat y sus acólitos, la **Marlton House**. Construida en 1900, se hizo muy popular en la ciudad para quien quería vivir allí utilizando una sola habitación («single room occupancy»). Después de contar con una clientela de viajantes y personas de paso, gracias a su ubicación y a los precios bastante accesibles, en las décadas de 1950 y 1960 atrajo a poetas, artistas y, en general, bohemios que se detenían aquí durante largos períodos. Entre estos, Gregory Corso, Delmore Schwartz, Neal Cassady y el propio Kerouac, quien escribió aquí *Los subterráneos* y *Tristessa*. También algunas grandes cantantes como Miriam Makeba y Carmen McRae vivieron en la Marlton. Pero el nombre femenino que, si bien de modo dramático, está vinculado más que ningún otro a este lugar es el de la radical feminista Valerie Solanas que, en junio de 1968, intentó matar a Andy Warhol. En aquellos mismos días, Solanas ocupaba la habitación 214. En septiembre de 2013, Sean McPherson –propietario de los elegantes hoteles Bowery y Jane, a poca distancia de aquí– reestructuró la Marlton House después de que, en las décadas de los años 1980 y 1990, se convirtiera en un dormitorio para universitarios. El recién nacido Marlton Hotel ha conservado el estilo y la atmósfera de los años dorados.

Marlton House y White Horse Tavern

en su autobiografía– y por ello, en parte, en la foto estoy enorme: llevo dos jerséis y un abrigo encima. Bob, en cambio, debía estar súper a gusto... una chaquetita de piel y nada más». Suze abraza tiernamente a su novio, que se encoge de hombros con la mirada dirigida hacia abajo: una actitud que, según algunos, influyó a muchísimos muchachos de aquellos años.

Después de trasladarse a Woodstock, Dylan regresó

La carátula de *The Freewheelin' Bob Dylan* con Dylan y Suze Rotolo abrazados en W. 4th Street

en 1969 al Village. Siempre en busca de privacidad, se alojó en el 94 de MacDougal Street. Justamente ahí, en 1970, encontró a una treintena de jóvenes que hurgaban en los cubos de basura. Descubrió que eran alumnos de un tal A.J. Weberman, un tipo excéntrico que sostenía que enseñaba «dylanología» en la **Alternative University** (14th Street). El propio Weberman era el líder del Dylan Liberation Front, una organización que pretendía el regreso del «poeta» a sus orígenes folk. Es más, Weberman registró una larga conversación con Dylan que luego fue publicada por Folkways.

«FUI A NUEVA YORK PARA CONOCER A LOS ARTISTAS QUE ME GUSTABAN, PERO SOBRE TODO PARA CONOCER A MI ÍDOLO, WOODY GUTHRIE»

Bob Dylan

Entretanto, uno de los mayores admiradores de Dylan, Jimi Hendrix, había elegido el Village como lugar en

Electric Lady Studios, el paraíso de Jimi Hendrix

Matt Umanov Guitars

el que instalar un estudio de grabación privado. De acuerdo con su controvertido mánager, Michael Jeffery, había identificado como ideales los locales de 52 W. 8th Street que antaño habían acogido The Generation, club que el propio Jimi había frecuentado a menudo. Allí, gracias al trabajo de diseño de John Storyk, ingeniero de sonido y arquitecto experto en acústica, nacieron los **Electric Lady Studios**. El 26 de agosto de 1970, Hendrix había inaugurado los estudios con una fiesta en la que había implicado a algunos amigos famosos como Steve Winwood, Eric Clapton y Ronnie Wood. Por desgracia, Jimi se sirvió muy poco de los Electric Lady, porque ni siquiera un mes más tarde (el 18 de septiembre de 1970), su cadáver apareció en un apartamento de Notting Hill.
Los estudios siguen en funcionamiento. Aquí, entre otros, han grabado Led Zeppelin, Patti Smith, los Rolling Stones y, más recientemente, Ryan Adams, Lana del Rey, Daft Punk y Adele. *Blackstar*, el último disco de David Bowie, se mezcló en los Electric Lady de la mano de Tom Elmhirts.
Los muchos fans de Hendrix y de las seis cuerdas saben que en el Village hay una de las tiendas de instrumentos más importantes de los Estados Unidos: se llama **Matt Umanov Guitars** (273 Bleecker Street), y desde 1965 es un punto de referencia para músicos y aficionados. La tienda de Umanov es un paraíso para todos los aficionados a las guitarras vintage,

BANDA SONORA

BLEECKER STREET
SIMON & GARFUNKEL - *WEDNESDAY MORNING, 3 AM* (1964)
Desdeñada por el público y por su propio autor, Paul Simon, la canción extraída del primer álbum del dúo neoyorquino por excelencia merece ser redescubierta. Un homenaje a una de las calles más famosas del Village. Dulce.

Academy Records, oasis para los apasionados por los vinilos

pero también para quienes buscan instrumentos de cuerda de calidad (dobros, banjos, mandolinas, etc.).

Para quien sienta la fascinación irresistible de los viejos vinilos, lo mejor es dirigirse a **Bleeker Street Records**, 188 W 4th Street, o a la tienda gemela especializada en punk rock, **The Generation**, en el 210 de Thompson Street. Pero también dejarse seducir por la selección del fantástico **Mercer Street Books and Records** (206 Mercer Street) o trasladarse al East Village al **Academy Records** (415 E 12th Street) o el igualmente bien abastecido **Good Records** (218 E 5th Street).

En mayo de 1977, tres artistas (Robin Hirsh, autor y director, Charles McKenna, actor, y Rapahel Pivetta, pintor) transformaron un pequeño local en el corazón del Village en el café literario de sus sueños. Y así, en el día de la Independencia del mismo año, nació el **Cornelia Street Cafe** (29 Cornelia Street).

BANDA SONORA

TOM'S DINER

SUZANNE VEGA – *SOLITUDE STANDING* (1987)

Suzanne cantaba en el Cornelia Street Cafe durante las veladas folk organizadas por Jack Hardy: fue la primera (quizás la única) que actualizó la fábula del Greenwich Village 25 años más tarde después de los fastos de los sesenta. Y el Tom's Restaurant existía verdaderamente... Despreocupada.

Una de las primeras muchachas que trabajaron como camareras decía que era una cantautora brillante. Se llamaba Carolyne Mas y decidió lanzar, cada lunes, una serie de pequeños conciertos para cantantes folk emergentes llamada Songwriter's Exchange. El escenario era minúsculo, pero el público lo apreciaba, en parte porque la regla, para todos los artistas, era presentar temas escritos la semana anterior. Después de interpretar cada tema, los otros cantautores presentes lo comentaban. Muy

«COMENCÉ A INTERESARME POR EL ARTE PORQUE ME ENAMORÉ DE LOS ARTISTAS. POR ESTE MOTIVO FUI A NUEVA YORK: NO PARA CONVERTIRME EN ARTISTA, SINO PARA SER LA MUJER DE UN ARTISTA»

Patti Smith

pronto, el Songwriter's Exchange evolucionó gracias a la implicación de Jack Hardy, cantante de folk maduro y experto que en su casa hacía algo parecido. De este modo nació la cooperativa artística que desembocó en el *Fast Folk Musical Magazine*, revista acompañada por

Cornelia Street Cafe, cuna del nuevo folk años ochenta

un vinilo, y que lanzó el fenómeno del nuevo revival folk en el Greenwich Village. La mayor parte de los artistas implicados se exhibía en el Cornelia Street Cafe, y entre estos la cantante que obtuvo los mayores éxitos en la segunda mitad de la década de 1980, Suzanne Vega. A treinta años de distancia de los éxitos de Suzanne, el Cornelia Street Cafe tiene unas dimensiones cinco veces mayores, pero mantiene el encanto de la época y el mismo estilo. «A culinary as well as a cultural landmark», como lo definió la oficina del alcalde de Nueva York. En efecto, porque en él se come bien, como lo testimonia Lady Gaga, que en más de una ocasión ha reivindicado con orgullo el hecho de haber servido en las mesas del Cornelia.

DIRTY BOULEVARD

Es la mitad podrida de la (Gran) Manzana, la de los bajos fondos y de los marginados, de la droga y de la prostitución, del sexo sin inhibiciones. Es el Nueva York oscuro y amenazante cantado por los Velvet Underground, aullado por Wayne County y por los New York Dolls, vomitado por Patti Smith, Ramones, Television, Richard Hell, Blondie, Talking Heads y por otros héroes del CBGB. Es la ciudad «que nunca duerme», descrita de manera ejemplar por Lou Reed. Una metrópolis maldita, capaz de embrujar a todo el mundo, ayer y hoy, en virtud de esa fascinación perversa, llena de desbordante (y extravagante) creatividad. Justamente como la que se respiraba en el interior del hotel más famoso del mundo...

Cuando, entre 1884 y 1885, se completaron sus doce pisos, era conocido por el ser edificio más alto de Nueva York. En el plazo de un siglo alcanzó cumbres todavía más elevadas, convirtiéndose en la quintaesencia de una cultura, de una historia, de un mundo propio. El **Chelsea Hotel** (222, W. 23rd Street, entre la Séptima y la Octava Avenida, en la zona de Chelsea, en Manhattan) es un edificio de ladrillos rojos, con sugestivos balcones de hierro forjado, deliciosas ventanas a la inglesa y las ventanas de los talleres siempre abiertas, como si quisiera rendir homenaje al río Hudson. Vistoso pero al mismo tiempo anónimo (especialmente si se ve con los ojos de hoy) y justamente considerado el lugar del que surgieron las sacudidas más creativas de la música, de la literatura y del arte norteamericano del siglo XX, desde Edgar Lee Masters hasta Andy Warhol, pasando por Arthur C. Clarke, Bob Dylan, Jimi Hendrix, Patti Smith,

«NUEVA YORK ES CUERPO Y MENTE, UNA ESTRUCTURA FÍSICA, PERO TAMBIÉN UN DEPÓSITO DE INFORMACIONES Y DE IDEAS»

David Byrne

Leonard Cohen, Joni Mitchell o Janis Joplin.

Ideado originariamente como experimento de vida comunitaria, según las ideas del socialismo utopista de Charles Fourier, el Chelsea se convirtió muy pronto en encrucijada de artistas de todo género y procedencia. En sus habitaciones se mezclaron sin cesar inspiración y locura, arte y literatura, cine y música, riqueza y pobreza, éxitos planetarios y fracasos miserables, exaltaciones estéticas y abusos de sustancias

CHELSEA GIRLS

Fue el primer éxito cinematográfico de Andy Warhol después de una serie de películas vanguardistas de arte contemporáneo. Era el relato de la cotidianidad de algunas de las mujeres que vivían en el Chelsea Hotel, con la participación de muchos amigos y superestrellas de la Factory, de Nico a Ondine. La pantalla se dividía en dos, la película alternaba momentos en color con tomas en blanco y negro y tenía como banda sonora la música de los Velvet Underground. «Quería hacer una película negra por una parte y blanca por la otra», declaró en la época Andy Warhol, refiriéndose tanto al uso cromático como a la atmósfera de la película, de tres horas de duración y bien acogida por la crítica. Proyectada por primera vez en septiembre de 1966, *Chelsea Girls* sigue siendo una obra destinada a los museos de arte. Un año después, Nico publicó su primer álbum solista con un título análogo, *Chelsea Girl*.

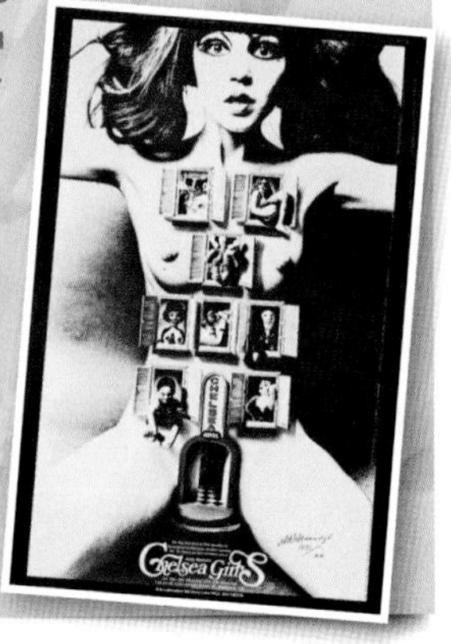

El escenográfico lobby del Chelsea Hotel

ilícitas. Entre sus pasillos nacieron, se explayaron y se consumieron literalmente generaciones enteras de personalidades creativas. Y, sobre todo en las décadas de 1960 y 1970, en su interior, se escribieron momentos importantes de la historia del rock.

En la habitación #211 (que en 2008 iba a ser destruida), Bob Dylan compuso diferentes temas que luego

«PODER VIVIR EN EL CHELSEA HOTEL REPRESENTÓ UNA SUERTE ENORME: PROPORCIONABA SENSACIÓN DE SEGURIDAD Y UNA 'EDUCACIÓN' EXTRAORDINARIA»

Patti Smith

terminaron en su *Blonde on Blonde*. Incluidos los dedicados a su vecina de habitación (y futura esposa) Sara Lownds. Leonard Cohen, después de coincidir con Janis Joplin en el ascensor tuvo una noche de sexo con ella en la suite #411, la preferida de la cantante texana, para luego inmortalizar aquella aventura en la poética (pero bastante explícita) «Chelsea Hotel #2». Joni Mitchell dedicó al hotel su «Chelsea Morning», Jimi Hendrix transcurrió allí noches de juerga, Patti Smith y Robert Mapplethorpe cimentaron su relación artística (Robert comenzó a hacer fotografías justamente en el Chelsea) y su historia de amor, cuernos con Sam Shephard aparte. Stanley Bard, personaje cuanto menos tan legendario como los residentes del hotel, fue durante años el excéntrico y fantasioso mánager del Chelsea, que acogió decenas de obras de arte, trocándolas a cambio de alquileres nunca saldados, para luego exhibirlas en el lobby. «Podías llegar frente a la recepción con tres mujeres desnudas, un oso y un enano... –recuerda Leonard Cohen-, y Stanley ni siquiera levantaba una ceja. Te entregaba la llave y te decía 'Goodnight, sir'.» En los últimos diez años, el Chelsea fue adquirido en primer lugar por un constructor que lo revendió a un hotelero de Las Vegas, y luego lo salvó y gestionó el magnate Ed Scheetz, que prometió volver a llevar el «palacio de los sueños» a la filosofía punk y bohemia de los años dorados.

La estructura cuenta todavía hoy con 170 habitaciones y 65 apartamentos, y Scheetz, después de las obras de restauración que debían concluir en 2017, prometió que cuidaría a los inquilinos históricos, procurando darles a todos un salto hacia atrás en el tiempo. «Mi objetivo es volver a dar vida a la magia del Chelsea», declaró

Las placas en la entrada del Chelsea Hotel, con los nombres de los huéspedes ilustres

MORRISON HOTEL GALLERY

En 2001, dos antiguos empresarios discográficos (Peter Blachley y Richard Horowitz) se asociaron con el célebre fotógrafo californiano Henry Diltz para fundar la **Morrison Hotel Gallery**, una galería de arte fotográfico rock. Después de la apertura de la primera sede en California (West Hollywood) pronto se sumaron dos **puntos de venta** más en Nueva York: uno ocupó durante unos años los locales del antiguo CBGB en el Bowery, para luego concentrarse en el 116 de Prince Street, en el SoHo. Desde fuera, la galería de Prince Street recuerda el escaparate del hotel de Los Angeles en el que el propio Diltz tomó la foto usada para la carátula del álbum de los Doors *Morrison Hotel*. En cambio, en el interior, las paredes de ladrillos están tapizadas con fotografías magníficas, fascinantes pero más bien caras (de 600 a 35.000 dólares).
Además de los archivos históricos de los fotógrafos rock más importantes y famosos (de Annie Leibovitz a Jim Marshall, pasando por Elliot Landy, Bob Gruen o Roberta Bailey), la Morrison Hotel Gallery acoge frecuentemente muestras fotográficas temáticas, a menudo con ocasión de efemérides o aniversarios especiales de la historia del rock.

12 de octubre de 1978: el cadáver de Nancy Spungen transportado fuera del Chelsea Hotel

el magnate laureado en Princeton y muy aficionado a la música y la literatura.
«El hotel es un icono de la cultura moderna –prosiguió Scheetz-, el lugar mítico en el que Burroughs escribió *El almuerzo desnudo*, Arthur Miller *Después de la caída* y Arthur C. Clarke ultimó definitivamente el guión de *2001: Odisea en el espacio*. El lugar en el que Dylan Thomas bebía como una esponja antes de tener un colapso y abandonar esta tierra. Cambiaremos la marca pero no intervendremos en el diseño; y sobre todo, daremos a todos los huéspedes lo que necesiten.»
Hoy, los residentes históricos pueden disfrutar de alquileres bloqueados, mientras que, después de la remodelación, cualquiera podrá reservar una habitación e imaginar que vive en la década de 1960.
En el Chelsea, Madonna quiso usar su habitación (#822) como plató fotográfico para el libro *Sex*. Pero otros dejaron aquí la piel: la famosa habitación #100 es la que ocupaban en 1979 Sid Vicious y Nancy Spungen en un período en el que el hotel estaba lleno de camellos y marginados. Y justamente allí, el 12 de octubre de 1978, Nancy fue acuchillada (quizás) por su amor, Sid. Los fantasmas de Sid y Nancy, pero también los de otros residentes famosos como Allen Ginsberg, Tennessee Williams o Dylan Thomas, parecen velar sobre el futuro del Chelsea. Como también lo hacen los de Janis, Jimi y Jerry (Garcia), que protegen las suertes de la tienda de guitarras (**Chelsea Guitars**) que en 1989 abrió sus puertas en el interior del hotel pero que, veinte años más tarde, se vio obligada a trasladarse a la puerta de al lado (224 W. 23rd Street). Billy Corgan, David Crosby, Billy Gibbons de los ZZ Top, el director Abel Ferrara, Justin Timberlake y tantas otras superestrellas visitan frecuentemente

BANDA SONORA

I'M WAITING FOR THE MAN

THE VELVET UNDERGROUND - *THE VELVET UNDERGROUND & NICO* (1967)

¿Quién mejor que la pareja Andy Warhol / Lou Reed puede poner en música el Nueva York de finales de la década de 1960? El Manhattan de Lou, sin embargo, es el oscuro de los «dirty boulevard», el que camina por el «lado salvaje» de la calle, el que habla de violencia, abusos y droga. O el de quien se traslada hasta Harlem para comprar heroína. Despiadado.

el lugar para probar unas guitarras de ensueño y quizás beber una copa o comer platos españoles justo al lado, en **El Quijote** (226 W. 23rd Street), el local al que Janis iba a emborracharse.

Si bien el nombre del Chelsea sigue vinculado al de Andy Warhol, el genio

Chelsea Guitars, la tienda de instrumentos preferida de las estrellas del rock

del pop art nunca vivió allí. Y lo mismo puede decirse para la mayoría de sus superestrellas, pese a que una de sus películas más famosas (rodada sobre todo en el hotel) se titule justamente *Chelsea Girls*: sólo el poeta René Ricard vivía en el Chelsea, mientras que la sede de la **Factory**, en aquellos años, estaba a bastante distancia de la 23rd West. En efecto, en 1962, Warhol había decidido dejar el apartamento-laboratorio en el 1342 de Lexington Avenue y alquilar un loft en la quinta plana de 231 E. 47th Street, para instalar allí su Fábrica de creatividad. Inspirado por la casa de su amante Billy «Name» Linich (que luego se establecería de manera permanente en un cuchitril de la Factory), mandó pintar el taller de color plateado y lo equipó con fragmentos de espejo y papel de aluminio según los dictámenes y los gustos de los adictos al speed (anfetamina): incluso el ascensor era totalmente plateado. Por este motivo, aquella sede se conocía como «the silver Factory» y era famosa por sus parties escandalosas y codiciadísimas, frecuentadas por las estrellas del rock más aclamadas, de Jim Morrison a Brian Jones, pasando por Jimi Hendrix, John Lennon y Mick Jagger.

En aquel período Warhol comenzó a popularizar sus obras, hasta el punto de que, desde la Factory surgían diariamente serigrafías y litografías, todas ellas numeradas y controladas en persona por Andy, y que naturalmente se vendían a precios de vértigo. En 1968, Warhol trasladó su cuartel general a la sexta planta del **Decker Building** (33 de Union Square West), a tiro de piedra del **Max's Kansas City**, el local preferido de la tropa warholiana. Andy era ya una celebridad y su producción, en aquella época, parecía competir con las auténticas fábricas de productos de masa. La mano de obra de Warhol parecía

La «silver factory» de Andy Warhol

casar con el personaje: un tropel alegre y colorista de sujetos excéntricos a los que se denominó «superstar». Cada uno con su apodo y con un carácter inconfundible. A veces, incontrolable como el de Valerie Solanas, escritora feminista que, el 3 de junio de 1968, justamente aquí, efectuó tres disparos contra Andy (uno solo dio en el blanco, hiriendo a Warhol gravemente). Según la mujer, Warhol era culpable de haberle robado algunos escritos. En 1973, la Factory se trasladó a poca distancia de Union Square, en el 860

«SI HAY ALGUIEN QUE ASUME A FONDO LOS DESTINOS DE NUEVA YORK Y QUE TIENE LOS PAPELES EN REGLA PARA USAR EL NOMBRE DE SU CIUDAD COMO TÍTULO DE UN ÁLBUM, ESE SOY YO»

Lou Reed

de Broadway, en un edificio hoy completamente restaurado. Finalmente, de 1984 a 1987, la Factory se estableció en el número 22 de la calle 33, en un edificio que hoy ya no existe.

Antes de su muerte en febrero de 1987, Andy había vivido en el 1342 de Lexington y luego en el 57 de E. 57th Street, su última residencia conocida, mientras que su último estudio personal fue el del 158 de Madison Avenue.

Las superestrellas de Andy fueron involuntarias protagonistas de «Walk on the Wild Side», el clásico de Lou Reed que logró captar mejor que cualquier otro tema la esencia del Nueva York de Warhol. Y no es casual. Justamente los Velvet Underground, el grupo más cool e influyente de la historia del rock, eran un invento de Andy.

En 1966, antes de su álbum de debut junto a Nico (caracterizado por el celebérrimo plátano diseñado por Warhol), los Velvet se habían dado a conocer con una serie de conciertos en **The Dom** (23 St. Mark's Place, entre la segunda y la tercera avenida), como se muestra en la controvertida película *The Doors* de Oliver Stone. En el local, que sería más conocido con el nombre de Electric Circus, se experimentaron los shows multimedia llamados «Exploding Plastic Inevitable», en los que la música de los Velvet servía de banda sonora a visiones cinematográficas, juegos de luz y protección de fotografías. Hoy el edificio se ha convertido en un bloque de apartamentos.

En sus inicios, el grupo ensayaba en un pequeño apartamento del Lower East Side, en el número 56 de lo que hoy es la moderna **Ludlow Street**. En realidad era el apartamento en el que vivía John Cale, músico galés que llegó a Nueva York, para colaborar con el casi homónimo John

Lou Reed frente al Bic Nick's Burger and Pizza Joint, entre Broadway y 77th Street (1984)

Cage, que en una ocasión, y sin morderse la lengua, había definido la casa como «un lugar miserable». Todavía lo era más el cruce entre la calle 125 y Lexington, conocido centro de tráfico de heroína en los sesenta, tal como se cantaba en «I'm Waiting for the Man». Hoy, a pocas manzanas,

> **«NUEVA YORK ES INCREÍBLE, ES LA CIUDAD MÁS COSMOPOLITA DEL MUNDO: BASTA CON CAMINAR POR LA CALLE PARA OÍR HABLAR CINCO LENGUAS DIFERENTES AL MISMO TIEMPO»**
>
> *Patti Smith*

se encuentran las oficinas de la Clinton Foundation. Lou Reed y Sterling Morrison vivían en un loft en la quinta planta (450 Grand Street) que pertenecía al director de cine Piero Heliczer. Un día, mientras Cale estaba con ellos, los vino a ver Al Aronowitz, el célebre crítico musical: corría la voz de que Lou era «el guitarrista más rápido del mundo» (?) y Al quería enterarse de primera mano. Al parecer, en la limusina alquilada por Aronowitz estaba Brian Jones. Pero cuando John Cale bajó para conocerlo, el rubio Stone ya se había ido, quizás en busca de LSD...

Tampoco está el legendario **Max's Kansas City** (213 Park Avenue S.), durante unos años parque de diversiones de Warhol y compañía.

Max's Kansas City ayer y hoy

BANDA SONORA

WALK ON THE WILD SIDE

LOU REED - *TRANSFORMER* (1972)

Inspirado por la novela homónima de Nelson Algren, Lou Reed describe las peripecias neoyorquinas de algunas de las superestrellas de la Factory de Andy Warhol. El texto explícito y los temas candentes (se habla de prostitución, transexualidad, sexo oral, etc.) representaron una novedad para el rock de aquellos años. Provocativo.

En el local, en el que Deborah Harry trabajaba como camarera, los Velvet Underground dieron sus últimos conciertos antes de que Lou Reed emprendiera su carrera como solista.

Cuarenta años más tarde, en abril de 2007, a pocos metros de distancia, en el cercano W. Hotel, Lou Reed recibió un premio por la excelencia en su carrera artística por parte de la Syracuse University, el college en el que había estudiado siendo joven. «¿Quién lo habría dicho?», sentenció Lou, dirigiéndose a un centenar de invitados excelentes, entre ellos Bono, David Bowie, su compañera Laurie Anderson y el premio Pulitzer Oscar Hijuelos. Pero en su discurso no mencionó en ningún momento el Max's Kansas City.

El local, abierto por Mickey Ruskin en 1965, lo frecuentaban muchos músicos. Patti Smith, antes incluso de contar con grupo propio, frecuentaba el Max's con o sin Robert Mapplethorpe, cuando ambos vivían en el Chelsea. Es más, la noche de fin de año de 1974, junto a Lenny Kaye, Patti abrió el show de Phil Ochs. Por entonces formaba parte del Poetry Project en la St. Mark's Church. Allí, en una iglesia en el 131 de East 10th Street, el colectivo de poetas fundado por Paul Blackburn organizaba lecturas y espectáculos de recitación que evidenciaron el talento de esta chica nacida en Chicago pero destinada a marcar el arte y la cultura neoyorquinos durante los siguientes cuarenta años.

A principios de la década de 1970, el Max's Kansas City se había convertido en el cuartel general del glam rock. Estaban los británicos Marc Bolan y David Bowie, pero también Iggy Pop, Lou Reed, Alice Cooper y algunos personajes que no habrían desentonado en el clan de Warhol: un grupo que actuaba con vestidos femeninos, The New York Dolls, y un transexual llamado Wayne County, el futuro líder de los Electric Chairs.

BANDA SONORA ★★★

CHELSEA HOTEL #2

LEONARD COHEN - *NEW SKIN FOR THE OLD CEREMONY* (1974)

Un encuentro casual en el ascensor del Chelsea Hotel, una ardiente noche de amor, una canción románticamente explícita. En el hotel de los sueños también podía pasar esto: que Leonard Cohen y Janis Joplin fueran pareja, al menos por una noche. Tierno.

«Las muñecas de Nueva York», en particular, buscaban un escenario en el que actuar. Lo encontraron en el **Mercer Arts Center**, en el interior

The New York Dolls en Nueva York

del Broadway Central Hotel, en Greenwich Village. Al mismo tiempo, en la cocina del Mercer, la pareja gay formada por Stein y Woody Vasulka habían dado vida a The Kitchen, un espacio para videoartistas. En el Mercer Arts Center, The New York Dolls se hicieron un nombre y una carrera: su rock-blues descarnado, unido a textos escandalosos y a provocadores vestidos femeninos, constituyó una mezcla explosiva. Hasta el 3 de agosto de 1973, cuando, no a causa de su explosividad, sino en virtud del estado ruinoso del edificio, el Mercer Arts Center se derrumbó.

«HOY NO HAY NINGÚN ASPECTO DE NUEVA YORK QUE PUEDA TRANSMITIR LAS MISMAS VIBRACIONES QUE TRANSMITÍAN LOS VELVET UNDERGROUND O LOS RAMONES»

Ezra Koenig (Vampire)

Más o menos en el mismo período, Hilly Kristal, un ex cantante que se había convertido en primer lugar en mánager del Village Vanguard y luego en cofundador el Central Park Music Festival, había decidido abrir un bar en el Bowery. En aquellos años, la calle, en la que hoy menudean tiendas y restaurantes de moda, era el receptáculo de camellos y prostitutas, marginados y perdedores.

315 Bowery, la entrada al legendario CBGB

En realidad, Kristal lo había probado ya en 1970, pero su Hilly's on the Bowery no había funcionado. «Entonces –se dijo-, pondré en pie un local donde programaré lo que me gusta a mí.» A Hilly le gustaban el blues, el country y el bluegrass. Para que fuera conocido para todo el mundo pensó en llamar a su local «**CBGB**», acrónimo de sus géneros preferidos (country, bluegrass y blues, justamente). Para evitar equívocos añadió otra sigla, OMFUG («Other music for uplifting gormandizers», es decir, «Otra música para paladares superfinos»). Y de esta manera, en diciembre de 1973, en el mismo local que había acogido el bar anterior (en el 315 de Bowery), Hilly Kristal abrió el CBGB. En febrero de 1974, Hilly contrató a los Squeeze, una banda de rock local, para una serie de conciertos. Les sucedieron The Revelons (banda con Marc Suall, Fred Smith y Jay Dee Daugherty) y algunos tránsfugas del Mercer Arts como Suicide, Fast, el mismo Wayne County y Magic Tramps.

El 14 de abril de 1974, entre el público presente en el tercer concierto de los Televisión, estaban Lenny Kaye y Patti Smith, que debutaron allí en febrero de 1975.

El local era pequeño (un centenar

CBGB: escenario e interior del local

de personas), sucio y maloliente. Pero acogía a artistas que producían una música nueva, vibrante, llena de energía, Hilly Kristal había fijado dos reglas simples: los grupos debían llevarse ellos mismos los instrumentos y amplificadores y tenían la obligación de tocar piezas originales, es decir, nada de covers.

Albergando a nuevos grupos como Blondie o, desde agosto de 1974, los Ramones (que tocarían allí unas setenta veces), pero también a Mink De Ville o Talking Heads, en el CBGB se creó una nueva escena, comentada en fanzines de culto como *Punk* y en las columnas del *Village Voice*. De esta manera, el local comenzó a atraer el interés de mánagers y empresarios discográficos como Seymour Stein, jefe de Sire Records, que contrató a Ramones y a Talking Heads, o incluso del gran Clive Davis que, tras llegar al Bowery junto a Lou Reed, contrató a Patti Smith. Después de años de esplendor, el CBGB, que en la década de 1980 había acogido lo mejor de la escena hardcore, comenzó a tener problemas. En 2005, Hilly Kristal recibió un requerimiento de pago de 90.000 dólares por alquileres impagados y, en otoño de 2006, el local se vio obligado a cerrar. Después de algunos conciertos de grupos históricos, como Television y Blondie, el 15 de octubre de 2006, Patti Smith pisó el pequeño escenario del CBGB por última vez. Su concierto concluyó con una hermosa versión de «Gloria» mezclada con acentos de «Blitzkrieg Pop» de los Ramones y una elegía final en la que la Sacerdotisa del Punk enumeró a todos los músicos que habían dejado el planeta Tierra. Un año más tarde, también se iría Hilly Kristal: un cáncer en el pulmón se lo llevó el 28 de agosto de 2007.

Después de convertirse en una tienda de camisetas y objetos varios con el logo del CBGB y en una galería de arte (la de los fotógrafos rock de la Morrison Hotel Gallery) hoy en local en el 315 del Bowery es la sede de una de las tiendas de John Varvatos, que sin embar-

BANDA SONORA ★★★

GLORIA

PATTI SMITH - *HORSES* (1975)

Van Morrison nos enseñó a deletrear aquel nombre, y Patti Smith revolucionó la canción. Aumentando su velocidad, alzando los tonos y precediéndola con la declaración «Jesús ha muerto por los pecados de alguien, pero no por los míos», la Sacerdotisa del Punk transformó «Gloria» en el himno del CBGB y de la generación punk-rock neoyorquina. Supersónico.

Patti Smith en el escenario del CBGB el día del cierre del local, el 15 de octubre de 2006

PUNK LIVES ON

Chaquetas de cuero, tejanos arrugados, crestas de mohicano y camisetas rasgadas parecían no pasar nunca de moda. Y Nueva York, todavía hoy, sigue siendo una capital de la moda punk.
Basta entrar en **The Cast** (72 Orchard Street), el taller punk-chic de Chuck Guarina y Elisa Maldonado, pareja de diseñadores que darían envidia a Malcolm McLaren y Vivienne Westwood. Los vinilos clásicos de la época crean la atmósfera adecuada. Las prendas de vestir de The Cast pueden embellecerse con las joyas de Paterson Riley y Carol Lehtonen-Riley (**The Great Frog**): fueron los creadores de los anillos con la calavera que se difundieron por todas partes y que se han podido ver en las manos de Keith Richards, Iggy Pop, Metallica, Iron Maiden, etc.

Uno de los pocos residuos de la era punk en St. Mark's Place es **Search & Destroy**, donde se pueden encontrar camisetas vintage, carteles de películas de terror y objetos varios. También resiste la **Shop Untitled NYC** (27 W. 8th Street), que vistió a muchas estrellas del CBGB, desde Deborah Harry hasta el propio Lou Reed. El histórico **Trash and Vaudeville** (abierto desde 1975 en el 4 de St. Mark's Place) sigue igual. El primero en vender pantalones bondage, jerséis de mohair y botas Dr. Martens, sigue proponiendo productos «clásicos».

En 1977, las hermanas Bellomo (que formaban parte del entorno de Blondie antes de fundar su banda Sic Fucks) abrieron en St. Mark's Place el **Manic Panic**, una tienda en la que vendían productos para teñirse el pelo y cosméticos varios.
Pero el salón de peluquería más buscado de los últimos treinta años sigue siendo el **Mudhoney** de Michael Matula (148 Sullivan Street, en el SoHo): merece una visita sólo para admirar la decoración superkitsch.

go ha querido mantener algunos elementos del local original (se han recuperado viejas escalerillas, grafitis en las paredes de los baños, etc.). Desde 2015 entró a formar parte del registro nacional de lugares históricos, mientras que el callejón (el denominado Extra Place, en la parte trasera del local) pronto se convertirá en zona peatonal.

También en 2015, en el interior del aeropuerto internacional de Newark, se inauguró un restaurante con la marca CBGB, que suscitó polémica entre los aficionados a la música.
Probablemente, ante la noticia de la apertura del *fast food* de Newark, Johnny, Dee Dee y Joey Ramone se debían revolver en su tumba. El grupo de «herma-

Hoy el CBGB es un restaurante del aeropuerto de Newark

nos» de Queens fue, de hecho, el más significativo del escenario punk rock neoyorquino y, en consecuencia, también el más ligado al local de

La pared del Albert's Garden (East 2nd Street) donde se tomó la célebre foto que se convirtió en la carátula del primer álbum de los Ramones

Kristal. A poca distancia de allí, caminando por East 2nd Street, está el **Albert's Garden**, un minúsculo oasis verde en el cemento del Bowery. Si las puertas están abiertas, siguiendo el callejón a la izquierda se llega a una pared blanca de ladrillos. Frente a esa pared, en los primeros meses de 1976, la fotógrafa Roberta Bailey tomó la foto que inmortalizaba a los Ramones con una imagen que pasó a la historia: cazadoras de cuero negro, vaqueros desgarra-

«ME GUSTARÍA RESISTIR Y MANTENER EL CBGB EN NUEVA YORK, PERO NUEVA YORK ES CARÍSIMO...»

Hilly Kristal

dos y Converse All Star a los pies. La divisa del punk.

A pocos metros (cruce East 2nd Street con Bowery), en la esquina noroeste) está lo que se ha definido como la «Joey Ramone's Place», con la correspondiente placa viaria, una de las más robadas del país.

Para remontar a los orígenes de los Ramones es preciso dirigirse a Queens, en concreto a la zona de Forest Hills.

Cerca del cruce entre la 66th y el Yellowstone Boulevard se encuen-

Forest Hills High School, el instituto de los Ramones

tran las Birchwood Towers en las que, en la década de 1960, vivían Joey (en aquella época junto a su madre) y Johnny Ramone.

Aquella zona fue la que inspiró a Joey la pieza «Beat on the Brat». Lo recordaba él mismo explicando que «Forest Hills era una zona de la burguesía media, y delante de las Birchwood Towers se hallaba uno de los jardines en los que las madres llevaban a sus niños a jugar. Entre ellos había uno que era feo, malvado y antipático, al que detestaba. Lo habría matado con mi bate de béisbol... beat on the brat with a baseball bat».

En el 67-01 de 110th Street está la **Forest Hills High School**, donde los

BANDA SONORA ★★★

PERSONALITY CRISIS

THE NEW YORK DOLLS - *PERSONALITY CRISIS* (1973)

Definido como «himno proto-punk», «clásico instantáneo de glitter rock», «mejor canción rock comparable a grandes clásicos», el tema que abre el álbum de debut de los New York Dolls es una explosión de energía, fuerza y transgresión excéntrica en la adormecida escena rock de mediados de la década de 1970. Nueva York al 100%.

SONGS FOR DRELLA

Nueva York, catedral de Saint Patrick. Es el día 1 de abril de 1987, durante los funerales de Andy Warhol, y por primera vez después de muchos años, Lou Reed y John Cale intercambian cuatro palabras. Un amigo común, el pintor Julian Schnabel, les había sugerido que compusieran una obra en memoria de su amigo desaparecido. Menos de un año más tarde, el 7 y el 8 de enero de 1989, Reed y Cale interpretaron en directo su obra en la iglesia de St. Anne, en Brooklyn.

Unas semanas antes, en la Brooklyn Academy of Music, la obra quedó inmortalizada por las cámaras de vídeo del director Ed Lachman, para un CD/DVD titulado *Songs for Drella*. «Drella» era el apodo (inventado por Ondine, una de las superestrellas de la Factory) con el que los amigos llamaban a Andy: una contracción entre Drácula y Cinderella, es decir, entre el vampiro y Cenicienta.

Aclamado por el público y la crítica, *Songs for Drella* (15 canciones bellas y conmovedoras) encarna la quintaesencia del espíritu de Andy Warhol y de la poética rock de los Velvet Underground.

Tumbas de los Ramones

cuatro miembros fundadores de los Ramones (Joey, Johnny, Tommy y Dee Dee) estudiaron. Allí compartieron su primer amor por el rock de los Stooges.

BANDA SONORA

53RD & 3RD

RAMONES - *RAMONES* (1976)

Es el segundo single del chispeante (y memorable) álbum de debut de la banda de punk de Queens.
El título indica el cruce de Manhattan que, en la década de 1970, era el epicentro de la prostitución gay de menores. La canción, escrita por Dee Dee Ramone, habla del problema pero subraya las diferencias entre sentirse atractivo y vender el propio cuerpo, entre machismo y violencia física. Cortante.

Quién sabe si, a quince años de distancia desde su desaparición, Joey Ramone cantaría todavía su amor por la Gran Manzana como lo hizo en «New York City» («I like New York City / I'm proud to make my home in New York City / in this New York City...»). Los fans pueden homenajearlo en el **cementerio de Hillside**, en Lyndhurst, Nueva Jersey, donde una lápida con su verdadero apellido (Hyman) destaca entre otras miles. La tumba de Johnny Ramone (una estatua de bronce) se encuentra en el otro extremo de los Estados Unidos, en el **Hollywood Forever Cemetery**, en California, a no mucha distancia de la de su amigo Dee Dee.

NEW YORK, NEW YORK

«If you make it there, you can make it anywhere». Tenía razón Frank Sinatra porque, todavía hoy, Nueva York es una capital de la música, el lugar en el que sucede todo. Y de todo. Lo testimonian sus edificios más célebres, algunos de los cuales envueltos por el misterio. Lo certifican locales desde cuyas paredes siguen saliendo notas y ritmos seductores. Lo repiten tiendas que acogen los instrumentos más bonitos del mundo, lo aseveran placas y homenajes que nos recuerdan la importancia histórica de una ciudad que, para sus habitantes, pero no sólo para ellos, siempre será «so nice that you name it twice».

Hoy, en la W. 28th Street (entre la 5t y la 6th Avenue), una placa de bronce reza: «**Tin Pan Alley**, lugar histórico de la música, donde en las dos primeras décadas del siglo XX, nació y floreció el negocio de la canción popular norteamericana».

¿Pero qué fue y qué significado tuvo el llamado Tin Pan Alley y por qué hoy se conmemora con una placa?

Todo comenzó en 1885 en este mismo lugar de Nueva York en el que confluyeron varios compositores que, junto a un grupo de editores musicales, dieron vida a una aventura extraordinaria que, a todos los efectos, puede considerarse la génesis de la industria musical.

Existe cierta confusión acerca del origen del nombre (literalmente, Tin Pan Alley significaría «el callejón de la sartén de estaño»): hay quien sostiene que, obviamente en su acepción despreciativa, los pianos verticales de los compositores de la calle 28 producían un sonido que habría podido recordar a alguien golpeando una sartén; también hay quien considera que fueron los propios compositores los

Placa conmemorativa de Tin Pan Alley

Los edificios de W. 28th Street acogían a los músicos de Tin Pan Alley

que modificaron sus instrumentos, justamente para incrementar su elemento de percusión. En realidad, aquella aventura fue de tal importancia que, en sentido amplio y en el curso de los años, el término «Tin Pan Alley» terminó convirtiéndose en sinónimo de industria musical. Aunque, con el advenimiento de la era discográfica y de la radio, el aspecto sonoro superó el significado de las partituras y de la música escrita, auténtico patrimonio de los editores de la calle 28.

Entre los muchos compositores de música popular asociados al Tin Pan Alley había artistas del calibre de Scott Joplin, Irving Berlin, George e Ira Gershwin, Hoagy Carmichael, Fats Waller, Rodgers & Hart, capaces de concebir un cancionero extraordinario con clásicos que aún hoy tocan e interpretan millares de artistas de todas las edades. De modo que, paseando por la calle 28, frente a los edificios que produjeron tanta música legendaria, todavía parece que se escucha el tintineo de los pianos de principios del siglo XX. En unos pocos años, el testimonio de Tin Pan Alley pasó a otro edificio

«CUANDO ESTOY EN NUEVA YORK, ME SIENTO COMO EN UNA PELÍCULA»

Ryan Adams

cerca de Times Square. Construido en 1931 en la esquina entre Broadway y la calle 49, dicho inmueble se llamó inicialmente con el nombre (Alan) del amado hijo de su constructor, Abraham E. Lefcourt, antes de ser conocido como **Brill Building**, ya que en la planta baja del mismo había una popular mercería, justamente la de los Brill Brothers.

En la década de 1940, el Brill Building comenzó a llenarse de oficinas de editores musicales y de músicos a sueldo, cuyo cometido era dirigirse a

BANDA SONORA

THE 59TH STREET BRIDGE SONG (FEELIN' GROOVY)

SIMON & GARFUNKEL - *PARSLEY, SAGE, ROSEMARY AND THYME* (1966)

Dos amigos de infancia rinden homenaje a su ciudad titulando esta canción con el apodo (el puente de la calle 59) que, de modo coloquial, se da al Queensborough Bridge, que une Queens con Manhattan. La primera frase capta el espíritu del tema: «Slow down, you move too fast...». Delicioso.

los líderes de las bandas o a los dj de las emisoras de radio para hacerles escuchar las canciones que eran propiedad de los editores musicales, a la espera de convencer a los primeros para que las arreglaran y grabaran, y a los segundos a que las radiaran. Las big band blancas más importantes y aclamadas de la época, como las capitaneadas por Benny Goodman, Glenn Miller o Tommy Dorsey, grabaron muchísimos temas del Brill Building que, a finales de la década de 1950, se convirtió en la meca de la industria discográfica neoyorquina o, mejor dicho, en una auténtica fábrica de éxitos.

Editores y empresarios discográficos habían contratado a los mejores autores de textos y música del período, obligándolos diariamente a «sacar del horno canciones como si fueran brioches». Neil Sedaka y Carole King, Burt Bacharach y Doc Pomuls, así como Leiber & Stoller, Neil Diamond, Sonny Bono, Paul Simon, Laura Nyro o Phil Spector trabajaban allí: en la práctica, la flor y la nata de la canción popular norteamericana nacía en las oficinas de los once pisos del edificio sito en

El famoso Brill Building y el todavía más célebre frontón

CONCIERTOS EN EL PARQUE

Para muchos es, simplemente, «el parque más famoso del mundo». Desde 1962, **Central Park**, «el pulmón verde de Manhattan», forma parte del Registro de Lugares Históricos de los Estados Unidos, pero desde 1968 también es escenario de conciertos rock. La Schaefer Brewing Company, a partir de aquel año y hasta 1977, esponsorizó grandes festivales de jazz y rock en el Wollman Rink, que en invierno se convierte en una gran pista de patinaje sobre hielo. Pero el acontecimiento que, más que cualquier otro, ha asociado el parque con la música pop rock fue el legendario *Concert in Central Park*, que se celebró el 19 de septiembre de 1981 y que registró la reunión de dos neoyorquinos de pura cepa, como Simon & Garfunkel. Presentado por el entonces alcalde Ed Koch, el concierto en el **Great Lawn** (el prado más vasto en el interior del parque, con el Turtle Pond, el estanque de las tortugas, en el fondo) llevó hasta aquí a más de 600.000 espectadores.

La idea del entonces gerente del parque, Gordon Davis, para recaudar los fondos necesarios (tres millones de dólares) para los gastos de mantenimiento y reestructuración de Central Park. Filmado por las cámaras de la HBO dirigidas por Michael Lindsey-Hogg, el concierto se repitió dos años más tarde, esta vez con Diana Ross. Pero el 21 de julio de 1983, en Nueva York, se produjo un chaparrón que obligó a la ex Supreme a suspender el show después de menos de una hora, y a la multitud (casi 800.000 personas, a buscar refugio. La noche siguiente, con el tiempo todavía inclemente, el show atrajo a menos de la mitad de los espectadores previstos, lo cual provocó pérdidas notables para los organizadores.

En cambio, Paul Simon volvió a tocar en el parque el 15 de agosto de 1991, pero esta vez sin Garfunkel y en la cumbre artística de sus aventuras con la música sudafricana (*Graceland*) y brasileña (*The Rhythm of the Saints*). Frente a él, al menos medio millón de personas tuvieron la posibilidad de disfrutar de un concierto impresionante, con un escenario lleno de músicos de toda raza y procedencia.

Seis años después que Paul Simon, como tituló el *New York Times*, «un millón de cowboys invadió la Gran Manzana». Era el momento de Garth Brooks, el hombre que revolucionó el country y que, todavía hoy, es el artista solista que ha vendido más álbumes: 136 millones de copias. Con invitados especiales como el neoyorquino Billy Joel y el veterano Don MacLean (el autor de *American Pie*), *Garth: Live from Central Park* se convirtió en un doble CD y un DVD, como los otros grandes eventos en Central Park.

Great Lawn y Turtle Pond, en Central Park

Busto de Alan Lefcourt en el frontón del Brill Building

1619 Broadway, pequeñas habitaciones con un piano en el que trabajaban en estrecho contacto un compositor y un autor de letras. A pocos metros de distancia (1650 Broadway, esquina con la calle 51), otro edificio acogía las oficinas de **Aldon Music**, una compañía de editores musicales fundada por Al Nevins y Don Kirshner en 1958. Gracias a su intuición (y a la relación con las compañías musicales del edificio vecino), se desarrolló un sonido posteriormente rebautizado como «Brill

«ES LA ÚNICA CIUDAD QUE ES MÁS BONITA EN VIVO QUE EN POSTAL»

Milos Forman

BANDA SONORA

NEW YORK STATE OF MIND

BILLY JOEL - *TURNSTILES* (1976)

Un acto de amor que se ha transformado en un himno. Escrita realmente en un autobús de Greyhound que bordeaba el río Hudson, la canción se convirtió en la marca de fábrica del cantautor del Bronx, aunque nunca llegó a ser uno de sus grantes éxitos. Orgullosa.

Building sound»: una hábil mezcla de rhythm and blues, música latina y gospel, que caracterizó éxitos como «Locomotion», «Save the Last Dance for Me», «The Look of Love» o «River Deep Mountain High».

En 1962, en su momento más álgido, acogía oficinas de 165 compañías que operaban en el mundo de la música. Hoy quedan poco más de una veintena, entre ellas la de Paul Simon, mientras que otras tantas tienen sede en 1650 Broadway.

En junio de 2013, el Brill Building fue adquirido por unos nuevos propietarios que lo han restaurado. La fascinación del edificio sigue siendo la misma: se puede comprobar inmediatamente observando la magnífica fachada de bronce dorado en lo alto de la cual se puede ver todavía el busto de Alan Lefcourt, muerto de anemia a los 27 años, un año antes de que su padre Abraham terminara la construcción del edificio.

La película *Grace of my Heart* (1996) se ambienta en gran parte allí, del mismo modo que, en la serie televisiva *Vynil*, producida por Martin Scorsese y Mick Jagger, la fantasiosa etiqueta discográfica American Century tiene sus despachos justamente en el interior del edificio de 1619 Broadway. Por desgracia, a finales de 2012 cerró la

GRACE OF MY HEART

Producida por Martin Scorsese bajo la dirección de Allison Anders, esta película de 1996 narra la historia de Edna Buxton, rica heredera apasionada por la música, que desde los concursos juveniles pasa al Brill Building, donde se convierte en una de las estrellas de la «fábrica de la música». En Nueva York encuentra a un letrista con quien formará pareja en el arte y en la vida. Pero, después de casarse con él, haber tenido un hijo y mientras espera al segundo, se lo encuentra en la cama con otra mujer. Pide el divorcio, se refugia en el trabajo, se convierte en una superestrella cantando ella misma sus canciones y se va a California. Pero poco a poco, las cosas tampoco van como es debido y contrae una depresión. Edna (que entretanto ha cambiado su nombre y es conocida como Denise Waverly) termina en una comuna hippie. La historia recuerda muy de cerca a la de Carole King y pinta un retrato eficaz y verosímil de la escena del Brill Building (lugares incluidos) de principios de la década de 1960.

Ileana Douglas es la protagonista, junto a Matt Dillon, Patsy Kensit, John Turturro, Bridget Fonda, Bruce Davison y Chris Isaak.

En cuanto a la banda sonora, junto a los clásicos de Goffin y King y de otros autores del Brill Building, la nueva pareja formada por Elvis Costello y Burt Bacharach versionea *God Give me Strenght*, que se convertiría en un éxito y sentó las bases para un álbum entero grabado por ambos, *Painted for Memories*.

histórica (y bellísima) Colony Records, la tienda de discos con la colección más amplia de partituras de los Estados Unidos. Situada justamente al lado de la entrada del Brill Building, en ella se vendían, además de viejos vinilos y música impresa, muchos objetos curiosos y divertidos recuerdos rock. También han cerrado o cambiado de emplazamiento la mayor parte de las **tiendas de instrumentos de la calle 48** (entre 6th y 7th Avenue), en la que durante años se llamó «Music Row». Allí, algunas tiendas legendarias como Manny's, Sam Ash o **Rudy's Music Stop** habían representado durante años una etapa fija para estrellas del rock como Jimi Hendrix y Eric Clapton (que adquirían muchas de sus valiosas guitarras) pero también para instrumentistas aficionados al rock, el blues o el jazz. «No me interesaba visitar los Estados Unidos –recuerda a este respecto Rudy Pensa, inmigrante argentino- yo quería ver la calle 48 y sus tiendas de guitarras.» Después de coronar su sueño, en 1978 abrió el Rudy's Music Stop, y años más tarde se convirtió en socio de Mark Knopfler, con quien proyectó diferentes modelos de guitarra. Las guitarras Pensa han pasado incluso por las manos de un neoyorquino de pura cepa como Lou Reed. La tienda de Rudy (magnífica, con una amplia colección de instrumentos vintage) se ha trasladado desde hace unos años al SoHo (461 Broome Street). También está buscando nuevos propietarios (y una nueva sede) el legendario **Mandolin Brothers**, de Staten Island (629 Forest Avenue). Después de la muerte de su fundador, Stan Jay, sus hijos Eric y Alison están buscando a alguien que, con la misma pasión que su padre a lo largo de 45 años de actividad, ejerza de relevo de uno de los tempos de la música norteamericana. Aquí, mandolinas, mandolas, mandolonchelos, guitarras acústicas de todas las formas y tipos, banjos, dobros, ukuleles y otros instrumentos de cuerda de la tradición estadounidense (especialmente vintage) eran de la casa. Y artistas como Bruce Springsteen, Bob Dylan, Graham Nash y George Harrison compraron algunas de sus piezas más preciadas. También lo hicieron Sheryl Crow (mientras estaba grabando su

«HE ESTADO EN LOS LUGARES MÁS BONITOS DEL MUNDO, PERO NINGUNO ES CAPAZ DE GANAR EN FASCINACIÓN A NUEVA YORK»

Robert De Niro

Rudy's Music Stop, 48th Street. Hoy la tienda está en el SoHo

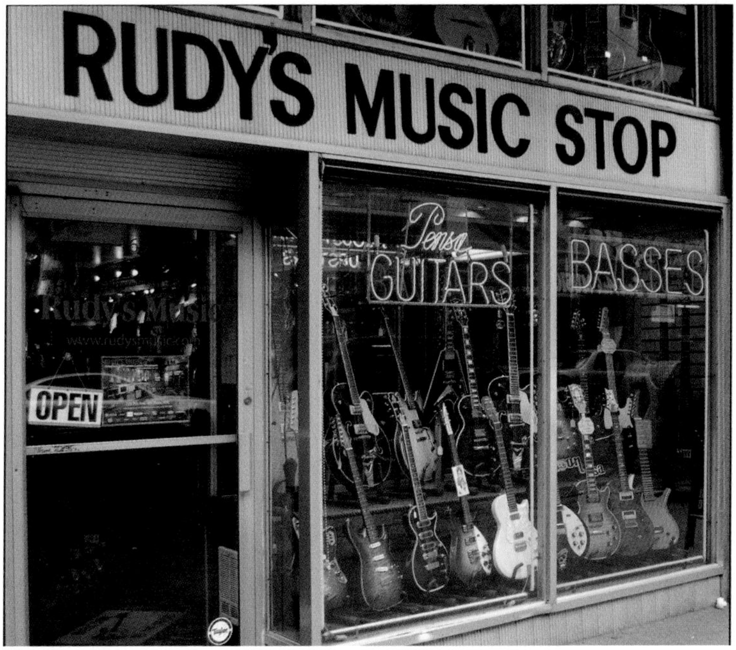

segundo álbum, y el presentador de televisión Conan O'Brien. Joni Mitchell, en el inicio de «Song for Sharon» (*Hejira*, 1976), cita la tienda de Stan Jay cuando canta «I went to Staten Island, Sharon, to buy myself a mandolin»,

«ME DESAGRADA NO SER ESTADOUNIDENSE Y NO HABER NACIDO EN NUEVA YORK. PUEDE QUE SEA UNA CIUDAD PELIGROSA, SUCIA, CONTAMINADA, PERO ES EL LUGAR EN EL QUE SUCEDEN LAS COSAS»

John Lennon

mientras que Paul McCartney llevó a reparar su célebre bajo Hofner, el de la forma de violín: ya no quintaba y se le rehízo el mango.
John Lennon (quizás) no atravesó las puertas de los Mandolin Brothers, pero vivió en Nueva York durante años. Y su residencia más conocida fue el famoso **Dakota Building**, más conocido como The Dakota (1W. 72nd Street). Construido entre 1880 y 1884, el edificio fue completado por la misma empresa capitaneada por Edward Clark que realizó el Plaza en la Quinta Avenida.

Mandolin Brothers, templo de los instrumentos de cuerda en Staten Island

CITY WINERY

Comer bien y beber mejor, escuchando gran música

En 1986 fundó la Knitting Factory, el laboratorio que fue el epicentro de la vanguardia musical neoyorquina durante al menos dos décadas. Luego, Michael Dorf, además de organizar ciclos de conciertos prestigiosos en el Carnegie Hall y en otros lugares históricos de Manhattan, dio vida a su nueva criatura: un local radical chic, muy de estilo Nueva York, capaz de combinar música refinada (cantautores, jazz, blues y rock de autor) con una restauración cuidada y una enoteca muy completa. En 2008, en Hudson Square (151 Varrick Street) nació la **City Winery**, en cuya bodega Dorf presenta también algunos de los vinos producidos por él y su hermano Josh en California. Pero el plato fuerte es la calidad de los conciertos, casi siempre altísima. El éxito del local ha llevado a Dorf a abrir otras City Winery en Atlanta, Boston, Chicago y Nashville.

El majestuoso Dakota Building

El nombre del Dakota se debe a que, en aquella época, el área del Upper West Side estaba prácticamente deshabitada y, respecto a las demás zonas de Manhattan, recordaba los páramos desolados de los territorios de Dakota. Desde el punto de vista arquitectónico, puede decirse que el edificio aparece como una mezcla entre gótico alemán, renacentista francés y victoriano inglés.

La entrada del Dakota, escenario del homicidio de Lennon (8 de diciembre de 1980)

Es de forma cuadrada, construido en torno a un patio central.

La fachada exterior es imponente, e infunden incluso cierto temor, quizás en virtud de la fama siniestra del edificio. Hasta el punto de que Roman Polanski, en 1968, lo utilizó (llamándolo «The Bramford») como lugar en el que vivían los protagonistas de su película *La semilla del diablo* (con Mia Farrow).

Muchos de los inquilinos (célebres o no) de sus 65 apartamentos quizás no han hecho un pacto con el diablo, pero a menudo han jurado haber visto fantasmas por su interior. El propio John Lennon declaró en una ocasión que había asistido a la aparición de una mujer en las escaleras, y la bautizó «the crying lady ghost». O que había avistado un ovni desde la ventana de la casa.

En 1966, algunos obreros que estaban remodelando el apartamento de la actriz Judy Holliday (muerta un año antes) dijeron sentirse rodeados por «extrañas presencias»; otros, poco después, sostuvieron que habían visto en la escalera a una niña vestida de blanco que resultó no ser ni la hija ni la amiga de ninguno de los residentes. Se dijo, de un apartamento del tercer piso, que durante unos meses estuvo infestado por espíritus malignos, mientras que fueron muchos (incluido el portero) quien

BANDA SONORA ★★★

THE BOY FROM NEW YORK CITY

MANHATTAN TRANSFER - *MECCA FOR MODERNS* (1981)

Grabada por los Ad Libs a principios de la década de 1960, esta canción se convirtió en un éxito a finales de los ochenta, gracias al cuarteto vocal que eligió llamarse como la empresa de transportes de Manhattan. Dedicado a los «muchachos de Nueva York», altos, guapos, dulces e inteligentes. Espumeante.

John y Yoko frente al Dakota: una de las últimas imágenes de Lennon antes del homicidio

testimonió que en los sótanos sucedían hechos extraños: bolsas de la basura que se movían solas, barras de hierro que caían del techo, escaleras que crujían sin motivo... Hay quien sostuvo que justamente allí se había encontrado con el fantasma de Edward Clark, el constructor del edificio.

En 1983, Joey Harrow, un músico que vivía en las inmediaciones del Dakota, dejó a la prensa un curioso testimonio: «Frente a la entrada principal he visto el fantasma de John Lennon». Su declaración fue confirmada por la escritora Amanda Moores, que se hallaba a su lado. Otros, entre ellos la misma Yoko Ono, han jurado haber visto el fantasma de John en el Dakota. Desgraciadamente, hay algo que sí es cierto: la noche del 8 de diciembre de 1980, un desequilibrado llamado Mark David Chapman disparó a quemarropa contra el Beatle rebelde frente a la entrada sur del Dakota.

Además de los cónyuges Lennon (y su hijo Sean), el Dakota ha albergado a muchísimas celebridades de la música y del espectáculo: Judy Garland, Roberta Flack, Rudolf Nureyev, Lauren Bacall, Leonard Bernstein son tan sólo algunos de los «ricos y famosos» que han ocupado los apartamentos del número 1 de 72nd Street. Pero desde hace algún tiempo, más que los «famosos», los inquilinos son los «ricos», o incluso los «mucho más ricos». De hecho, el comité directivo del edificio ha rechazado a artistas de la notoriedad de Melanie Griffith y Antonio Banderas, así como a estrellas del rock del calibre de Carole King, Gene Simmons o Billy Joel.

En 1976, el Dakota Building entró oficialmente a formar parte del Registro de los Edificios Históricos.

Justamente enfrente, hay una entada del Central Park que conduce al **Strawberry Fields Memorial**, inaugurado el 9 de octubre de 1985, en el día que coincidía con lo que habría sido el 45º aniversario de Lennon. Se trata de un área de 10 kilómetros cuadrados promovida por Yoko Ono para recordar la figura de su marido. En el centro hay un mosaico del mismo estilo que las aceras portuguesas (pero que fue donado por la ciudad de Nápoles) con la leyenda «Imagine». Alrededor, un área denominada «**Quiet zone**». Yoko Ono contribuyó a la obra con una donación de un millón de dólares.

Strawberry Fields Memorial

Ciertamente, el edificio situado en los números **96 y 98 de St. Mark's Place**, en el East Village, no está maldito ni tampoco infestado de fantasmas. Pero, para los rockeros puros y duros, y mejor si son fans de Led Zeppelin, emana la misma fascinación que del Dakota. Se trata del edificio que, en 1975, el grafista Peter Corriston eligió como imagen para la carátula de *Physical Graffiti*, sexto álbum en estudio de la banda británica. «Estuvimos dando vueltas un par de semanas en busca del edificio más apropiado –recuerda Corriston–, buscábamos uno con una cierta simetría y un buen número de ventanas. Tenía en la cabeza hacer un agujero en la carátula coincidiendo con cada ventana, de modo a que aparecieran los textos de carátula, los créditos, los comentarios sobre las canciones y el

El edificio retratado en la carátula de un disco de Led Zeppelin, hoy sede de una sala de té de nombre inequívoco, Physical GraffiTea

título del disco». Al final, bajo cada ventana aparecía una letra roja para formar el título del LP. Hoy, el mismo edificio alberga una sala de té con recuerdos e imágenes rock, justamente para hacer comprender que uno ha llegado al sitio adecuado. Y por si hubiera alguna duda, el nombre del local lo revela al instante: Physical GraffiTea.

Otro célebre edificio de Manhattan, en cuyo interior transitó la historia del rock es el **Ed Sullivan Theater**. Situado en el 1697-1699 de Broadway, entre la W. 53rd y la W. 54th, en el distrito de los teatros, desde 1936 se utiliza como estudio para los principales shows televisivos de la CBS.

«ESTOY LISTA PARA SUFRIR POR MI CIUDAD Y MORIR POR MIS FANS»

Lady Gaga

El edificio, de trece plantas de ladrillos y terracota, fue construido por Arthur Hammerstein entre 1925 y 1927. Al principio cambió a menudo de nombre: Hammerstein Theater, Manhattan Theater, Billy Rose's Music Hall y posteriormente Manhattan. En la década de 1930 se convirtió en un night club, hasta que la CBS lo alquiló comenzando a producir programas radiofónicos. Se convirtió en estudio televisivo en los años cincuenta, convirtiéndose en el CBS-TV Studio 50. Mientras que desde allí se transmitían los capítulos del *Jackie Gleason Show*, Ed Sullivan (periodista y empresario) se había inventado un espectáculo propio llamado *Toast of the Town*. Unos años más tarde el show se trasladó desde el Maxine Elliot Theater, en la calle 39, hasta el Studio 50, y pasó a llamarse *Ed Sullivan Show*. Muy pronto, el programa se convirtió en uno de los más queridos de los Estados Unidos. Por este motivo, por aquel escenario pasaron las estrellas del rock más luminosas de la época: desde Elvis hasta los Beatles, cuyas participaciones, en febrero de 1964, establecieron récords increíbles de audiencia.

Ed Sullivan Theater, el estudio de televisión que acogió a las mayores estrellas del planeta

Entre la segunda mitad de la década de 1950 y finales de la de 1960, por Ed Sullivan pasaron, entre otros, los Beach Boys, los Rolling Stones, los Doors, Janis Joplin, Bo Diddley, Buddy Holly, Bob Dylan, todos ellos acompañados por polémicas y controversias varias.

«HE VIVIDO EN NUEVA YORK MÁS QUE EN CUALQUIER OTRO SITIO EN EL MUNDO. ME CONSIDERO UN 'NEWYORKER' Y ME SIENTO ORGULLOSO DE ELLO»

David Bowie

En 1993, cuando el popular presentador David Letterman pasó de la NBC a la CBS, esta última adquirió el teatro que a partir de 1967 había pasado a llamarse Ed Sullivan Theater. Y allí se produjo durante más de veinte años el *Late Show with David Letterman* que, prosiguiendo con la tradición de los espectáculos vespertinos de la televisión norteamericana (desde Ed Sullivan hasta Johnny Carson), mantuvo el equilibrio entre sátira política, actualidad periodística, entretenimiento y música en vivo.

Justo como sucedió con sus predecesores, Letterman acogió en su escenario a lo mejor de la escena rock mundial. La orquesta de Paul Shaffer ha acompañado a las mayores estrellas de los últimos años y en el tejado del edificio se han alternado conciertos en directo

Shea Stadium

de artistas como Paul McCartney, Eminem, Jay Z o Dave Matthews Band. Desde el 21 de mayo de 2015, el teatro alberga el nuevo *late night show* de la CBS conducido por Stephen Colbert.

Si el Shea Stadium, en Queens, donde en 1965 actuaron los Beatles, cerró sus puertas en 2008, el **Madison Square Garden**, templo del deporte pero también de innumerables conciertos que hicieron época (el Concert for Bangla Desh, el No Nukes o el Concert for New York de 2001, por ejemplo) sigue bien vivo (4 Pennsylvania Plaza). Además del baloncesto NBA, el hockey NHL y otros acontecimientos deportivos y convenciones políticas, acoge megaconciertos de pop y de rock, desde Madonna hasta U2. Ya no está el legendario **Fillmore East** (105 Second Avenue), pero la entrada al edificio sigue igual, aunque hoy es la de una sucursal bancaria. También se ha eliminado el nombre «Fillmore East», que durante un par de años llevó el Irving Plaza (17 Irving Place), gracioso teatro que acoge nombres interesantes del panorama internacional. Sigue en actividad el

WOODY Y EL JAZZ

en el Cafe Carlyle

No hay nadie más neoyorquino que él. Woody Allen, en su ciudad natal, se siente seguro, libre para dar rienda suelta a su gran hobby, el jazz de Nueva Orleans. A decir verdad, Woody y su amado clarinete se dejaban ver una vez a la semana en el **Michael's Pub** (211 W. 55th Street), con la banda de jazz de su amigo Eddy Davis. Posteriormente, entre la producción de una y otra película, Allen y la orquesta comenzaron a realizar giras primero por el país, y luego por todo el mundo, organizados con todo lujo de detalles.

Pero desde hace unos años, cuando le es posible, Woody Allen se presenta, en general los lunes por la noche, en el pequeño escenario del café situado en el **Carlyle**, hotel de lujo del Upper East Side (35 E. 76th Street). Huelga decirlo: la reserva es imperativa.

BANDA SONORA

NEW YORK, NEW YORK

FRANK SINATRA - *TRILOGY: PAST AND FUTURE* (1980)
GRANDMASTER FLASH & THE FURIOUS FIVE - *GRANDMASTER FLASH & THE FURIOUS FIVE* (1983)
RYAN ADAMS - *GOLD* (2001)

Tres piezas diferentes, pero con el mismo título, para celebrar musicalmente el espíritu de la Gran Manzana. El primero, tema de la película homónima dirigida por Martin Scorsese con Robert de Niro, es el tema que se suele asociar a la ciudad. La fantástica interpretación original de Liza Minelli aparece superada por la del incomparable Old Blue Eyes.

El segundo es un clásico del rap nacido en los guetos negros del Bronx.

El tercero es una hermosa pieza rock que cita diferentes zonas de la ciudad. El vídeo, filmado cuatro días antes de los ataques del 11 de septiembre, muestra a Ryan Adams en primer plano: al fondo, las Torres Gemelas. Triunfales.

Dos templos de la música en Nueva York: Radio City Music Hall y Beacon Theater

histórico **Beacon Theater** (2124 Broadway, esquina con la W. 74th), de 3.000 asientos, abierto en 1929 como cine y lugar para espectáculos de vodevil. En la década de 1970 se convirtió en la casa neoyorquina de Grateful Dead y, en la de 1980 y 1990, en la de la Allman Brothers Band. En octubre de 2006, para los 60 años del presidente Clinton, y con fines benéficos para su fundación, los Rolling Stones celebraron en el Beacon dos conciertos legendarios, filmados por las cámaras de Martin Scorsese en el magnífico documental *Shine a Light*. El Beacon pertenece a Cablevision, sociedad que posee el Madison Square Garden y otro fantástico teatro neoyorquino: el **Radio City Music Hall**, en el Rockefeller Center (1260 Avenue of the Americas). Con una capacidad de 6.000 plazas, en los últimos treinta años ha acogido conciertos, espectáculos y algunas manifestaciones prestigiosas, como los Grammy, los Emmy, los Tony o los MTV Music Awards. Su órgano de tubos de Wurlitzer es el mayor del mundo entre los órganos situados en un teatro. Pero el auténtico templo de la música en Nueva York es el **Carnegie Hall** (881 7th Avenue). Construido en 1881 por el filántropo Andrew Carnegie, es uno de los escenarios más prestigiosos del mundo para la música clásica, el pop y el rock. Dispone de tres auditorios para un total de 3.671 asientos. Aunque compite con el vecino **Lincoln Center for the Performing Arts** (abierto a

Carnegie Hall, «La Scala» neoyorquina

La leyenda del Pythian Temple, de Bill Haley a Lady Gaga

mediados de la década de 1950), el Carnegie Hall posee todavía una fascinación inigualable y –aparte de la música clásica, la lírica y la danza- ha acogido eventos importantes en el campo de la música popular y del rock. Los memorables eventos denominados *From Spirituals to Swing*, organizados por John Hammond en diciembre de 1938 y 1939, abrieron las puertas de Carnegie a la música no culta, así como la legendaria aparición de los Beatles, en febrero de 1964, propició que el rock franqueara las puertas del Hall. Rolling Stones, Led Zeppelin, Ike & Tina Turner, Beach

«TIENE DOS MIL DEFECTOS PERO ES MI CIUDAD: LA QUIERO COMO SI FUERA MI MUJER»

Woody Allen

Boys e incluso el Buena Vista Social Club de Ry Cooder (y Wim Wenders) son tan sólo algunos de los tres millares de estrellas que se han exhibido en el Carnegie Hall o que grabaron allí álbumes legendarios.

Otro lugar que, como el Carnegie Hall, supo mezclar lo viejo y lo nuevo, lo sacro y lo profano, es el **Pythian Temple** (135 W. 70th Street), en el Upper West Side. Fue construido en 1927 como sede de los Caballeros de Pitias, una orden fundada en Washington y reconocida por el gobierno. Pero cuando las actividades de la logia disminuyeron, el edificio fue alquilado por Decca Records, que transformaron el espacioso y elegante auditorio en el tercer piso en un bellísimo estudio de grabación. Durante quince años se convirtió en uno de los estudios de grabación más buscados de los Estados Unidos, y allí grabaron, entre otros, Buddy Holly, Sammy Davis Jr. y Billie Holiday. En abril de 1954, un joven rockero de Michigan llamado Bill Haley grabó en el Pythian la pieza destinada a cambiar la historia de la música popular, *Rock around the Clock.*

En 1993, Joe Germanotta (empresario de origen italiano), su mujer Cindy y su hija Stefani se habían trasladado al Pythian Temple que, entretanto, se había convertido en un bloque de apartamentos. Unos años más tarde Stefani sorprendió al mundo con el nombre de Lady Gaga. En el momento en que escribimos, sus padres siguen viviendo en el Pithyan, cuyo frontón de entrada, una extravagante mezcla de art déco y arquitectura egipcia, sigue siendo el de su época dorada.

BY THE TIME WE'VE GOT TO WOODSTOCK

A mediados de agosto de 1969, una pequeña colonia de artistas acogió a un millón de jóvenes hippies que se habían reunido para participar en los mayores «tres días de paz, amor y música» de la historia. En aquel momento Woodstock entró en el léxico común de cualquier aficionado y se convirtió en un punto de referencia artístico y cultural destinado a entrar en la leyenda. Hoy de Woodstock sigue emanando una fascinación irresistible y, a todos los efectos, es una meta ineludible para los rockeros de todo el mundo.

La idea fue de Peter Yarrow, del trío folk Peter, Paul & Mary, los primeros que llevaron un tema de Bob Dylan («Blowin' in the Wind») al número uno de las listas. Un día de verano de 1963, Yarrow desveló al propio Dylan y a su mánager Albert Grossman una pequeña curiosidad: «Mi madre tiene un cottage en Woodstock, en las Catskill Mountains: es una zona bellísima, ¿la conocéis?».

En realidad, Peter sabía que Grossman tenía la intención de adquirir una casa en el campo y, según él, Woodstock le podría parecer adecuado. Yarrow explicó a sus amigos que, desde principios del siglo XX, después de la constitución de la Byrdcliffe Arts Colony, este pequeño centro a menos de dos horas de automóvil de Nueva York acogía una animada comunidad artística. Inmerso en la atmósfera bucólica de las Catskill, parecía realmente un lugar paradisíaco.

«Por lo que dice Peter –comentó Dylan-, este Woodstock podría ser el lugar ideal para salir de la circulación...».

Welcome to Woodstock!

Además de convencerse a sí mismo, al parecer Bob Dylan fue quien empujó más que nadie a Grossman a adquirir, en 1964, una casa en Woodstock; más concretamente, en **Bearsville**, en la propiedad que había pertenecido al ilustrador John Striebel. Entre otras cosas porque, entretanto, el propio Dylan había comenzado a frecuentar esta pequeña ciudad al sur del estado de Nueva York, a poca distancia del valle del río Hudson.

Bob se había quedado fascinado por aquel lugar pero, sobre todo, por el espíritu bohemio de sus habitantes. Entre ellos, Toshi-Aline Ota, esposa de Pete Seeger,

«EN WOODSTOCK ESTÁS RODEADO POR COLINAS ENCANTADORAS, PAISAJES QUE SE PIERDEN DE VISTA Y CIELOS INFINITOS. ES EL LUGAR IDEAL PARA ESCUCHAR MÚSICA»

Michael Lang

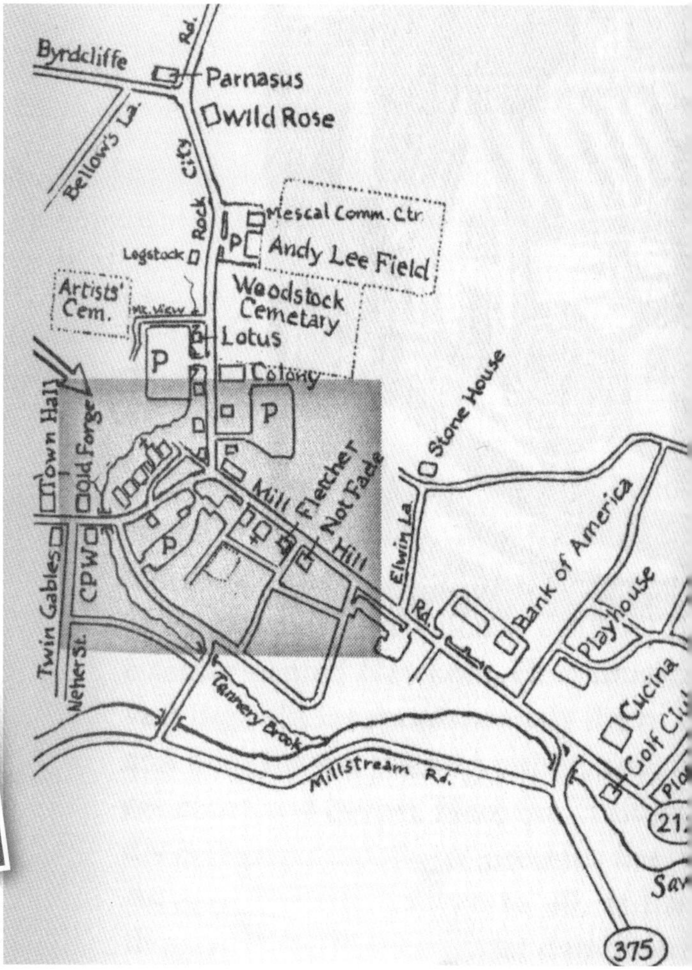

LAS GUITARRAS DE JOE

Ejercía de arquitecto en Nueva York, pero la música siempre fue su gran pasión. Así como las guitarras. En 1971, su primera guitarra nueva se rompió, y Joe Veillette no encontraba a nadie que la reparara. Así que decidió hacerlo él. Tres años más tarde, junto a su amigo Harvey Citron, fundó la primera sociedad, la Veillette-Citron. En 1978, John Sebastian les encargó una guitarra acústica barítono: dicho y hecho. Pero la música se impuso de nuevo y durante diez años Joe abandonó a Citron y la lutería para dedicarse a su banda, The Phantoms.

En 1991 se estableció en Woodstock, fundó la Woodstock Music Production y cuatro años más tarde desarrolló Veillette Guitars, instrumentos particulares y únicos (guitarras de seis y doce cuerdas de todo tipo y forma) que comenzaron a pasar a manos de grandes estrellas del rock como Dave Matthews. Pero el viejo amigo y vecino de la casa en Woodstock, John Sebastian, sigue siendo el mejor testimonio de las guitarras de Joe.

El Cafe Espresso de Inker Street, antaño tan querido por Bob Dylan y sus amigos, hoy es el Center for Photography

que justamente había pasado aquí su adolescencia. Así que no fue casual que Pete Seeger hubiera tocado en 1962 en la Woodstock Playhouse y que, con los ingresos de aquel concierto, diera vida al primer Woodstock Folk Festival. Dylan había intuido que aquel lugar podría ser la mejor sede para aquella «ciudad del folk» con la que Grossman fabulaba de vez en cuando. Y cada vez más a menudo, les gustaba darse una vuelta por allí.

Se dice que a Dylan le gustaba conversar y jugar a ajedrez con otros amigos músicos en las mesas al aire libre del Cafe Espresso de **Tinker**

THE WOODSTOCK BROTHERS

Siempre estuvieron entre los mejores músicos de sesión de Greenwich Village, hasta el punto de que incluso Dylan los envidió y los invitó a tocar en sus primeros álbumes. Artie y Happy Traum son una institución del folk estadounidense, así como orgullosos woodstockers de los primeros años setenta.

Sus *Homespun Tapes*, colección didáctica de libros y cassettes, enseñaron a millares de aspirantes a tocar la guitarra acústica.

Junto con otros amigos amantes del folk, todos ellos residentes en Woodstock (Maria Muldaur, Bill Keith, Paul Butterfield, John Sebastian y Jim Rooney), a principios de la década de 1970 dieron vida a la Woodstock Mountain Revue, un conjunto enamorado de aquella música cuyas raíces siempre encontraron terreno fértil en las Catskill.

Artie murió el 20 de julio de 2008 en Bearsville. Tenía 65 años.

BANDA SONORA

STAR SPANGLED BANNER

JIMI HENDRIX - *WOODSTOCK* (1970)

El momento más emblemático del festival: Hendrix versionea el himno de los Estados Unidos y hechiza a la Woodstock Nation. En plena guerra del Vietnam, su Fender se transforma en un arma pacifista más peligrosa que el napalm y más eficaz que cualquier discurso político. Revolucionario.

Street, la calle principal que atraviesa el pueblo. De vez en cuando se quedaba incluso a dormir en el piso superior: de hecho había confraternizado con los propietarios del Cafe Espresso, que le garantizaban privacidad absoluta incluso cuando su amiga Joan Baez lo venía a ver. Por otra parte, la que él había rebautizado como «White Room» se había convertido, durante unos meses, en su estudio. Todavía hoy, hay quien sostiene que algunos de los temas de *Another Side of Bob Dylan*, y sobre todo *Bringing It All Back Home* fueron compuestos justamente allí. Después de resistir durante años, el Cafe Espresso ya no está; hoy, en el 59 de Tinker Street se encuentra el Center for Photography at Woodstock.

Cuando Grossman compró una propiedad en Bearsville, Dylan se trasladó también. La leyenda narra que, justamente en aquella casa, mientras Grossman estaba ausente, Dylan experimentó por primera vez los efectos del LSD junto al productor Paul Rothchild. Unos meses más tarde, también Bob encontró un par de viviendas adecuadas para sus exigencias: primeramente en **Byrdcliffe**, luego en **Ohayo Mountain Road**. Corría el verano de 1966, Dylan había regresado de una larga gira y descubierto que Albert Grossman

«WOODSTOCK ES UNA ZONA MÍSTICA»

Felice Brothers

había programado ya más de 60 conciertos a partir de mediados de agosto. La mañana del 29 de julio, Bob y su mujer Sara se dirigieron a casa de Grossman, donde Dylan solía dejar aparcada su moto, una Triumph Bonneville roja. Aquel día quería llevarla a un mecánico y había pedido a Sara que lo siguiera en coche.

Nadie supo nunca con exactitud qué sucedió a continuación. Lo que sí es cierto es que, en **Streibel Road**, acaso por una mancha de aceite o tal vez porque quedó «cegado por el sol» (como él mismo contaría a Sam Shepard), Bob Dylan terminó en el suelo. Durante unos días se vio obligado a llevar un collarín pero, sobre todo, aquel accidente lo obligó a un largo período de reposo que le sirvió para curarse pero también para meditar: se sentía, tal como

Bob Dylan y la Triumph Bonneville del misterioso accidente

cantaba en la primera parte de «All Along the Watchtower», «rodeado de sanguijuelas que me están desangrando».

«WOODSTOCK ES COMO UN ATRAPAMOSCAS: TE ATRAE Y TE QUEDAS PEGADO»

Elliot Landy

En aquellos días de convalecencia, Dylan tenía un pasatiempo artístico preferido. Lo ponía en práctica en **West Saugerties**, a unos veinte minutos de su casa. Al final de lo que hoy se llama **Parnassus Road** (la dirección original era 2188 Stoll Road), sus amigos Levon Helm, Robbie Robertson, Garth Hudson, Rick Danko y Richard Manuel habían alquilado una espaciosa casa de madera pintada de rosa apodada «**Big Pink**». Cuando en Canadá estos cinco acompañaban al rockero Ronnie Hawkins se hacían llamar The Hawk. Pero cuando comenzaron a tocar con Dylan cambiaron de nombre: eran tan brillantes que, cuando llegaban al Cafe Espresso, la gente decía: «Hey, the band is coming...». Y de esta manera se convirtieron para todos, simplemente, en The Band.

En los sótanos de aquella casa rosa de West Saugerties, Dylan & The Band revigorizaron su pasión por las músicas de la tradición norteamericana, grabando horas de cintas que, años más tarde, se publicarían con el título *The Basement Tapes*. Entretanto, Grossman había decidido proyectar una sala de grabación y el lanzamiento de su nuevo label, Bearsville Records. Es más, quería que todos los artistas que tenía en contrato se trasladaran a Woodstock que, entretanto, gracias sobre todo al hecho de que Dylan había ido a vivir allí, se había convertido en localidad bastante solicitada entre los aficionados. Hasta el punto

La casa de la música: «Big Pink», donde Bob Dylan y The Band redescubrieron los perfumes de la vieja América

BANDA SONORA ★★★

WOODSTOCK

JONI MITCHELL – *LADIES OF THE CANYON* (1970)

La reina de los hippies no estuvo presente en la escena pero, desde un hotel de Nueva York, escribió el tema que captaba de manera ejemplar el espíritu de Woodstock y que, poéticamente, cuenta el imaginario de una nación dispuesta a cambiar el mundo. Idílico.

EL POETA DE WOODSTOCK

Nació en Kansas City en 1939, pero en 1958, en autoestop, había viajado hasta el Greenwich Village porque era el lugar en el que se entrecruzaban sus intereses: música, poesía y compromiso político. Así que Edward Sanders estudió en la Universidad de Nueva York, se licenció en griego y escribió su primer poema, *Poem from Jail*, empleando el papel higiénico de la celda en la que había acabado por protestar contra los submarinos atómicos. En 1962 publicó el periódico de vanguardia *Fuck You/Magazine of the Arts*, y abrió el Peace Eye Bookstore. En 1964 fundó la banda de rock radical The Fugs. Con ella proponía un proyecto en el que rock y poesía se fundían, en el que la beat generation y la contracultura coincidían en un punto de encuentro. En 1970 siguió el «proceso del siglo» contra Charles Manson. Sobre aquella historia escribió el libro *The Family*, que le dio gloria, honores y dinero. Pocos años más tarde los Eagles le pidieron que escribiera su biografía oficial. Sanders lo hizo de modo tan detallado que Irving Azoff, mánager plenipotenciario de la banda californiana, decidió que no podía publicarse. Pero Ed Sanders pudo cobrar hasta el último dólar, y con aquel dinero dio vida al *Woodstock Journal*, periódico que incluía poesía, ensayos y divagaciones literarias de los mejores escritores y poetas radicales del país. Todavía hoy, Sanders y su mujer Miriam, poetisa y pintora, prosiguen sin interrupción su obra literaria. Y no tienen intención de parar.

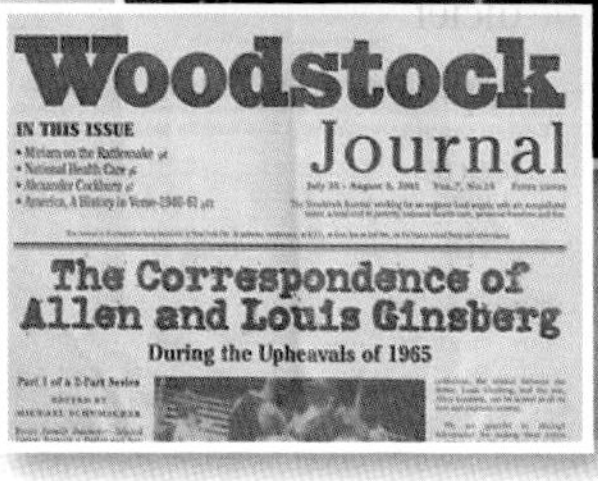

Woodstock Journal

IN THIS ISSUE

The Correspondence of Allen and Louis Ginsberg

During the Upheavals of 1965

de que, al cabo de poco, dos jóvenes hippies se metieron en la cabeza la idea de realizar en aquella zona los mayores «tres días de paz, amor y música», y Woodstock entraría por derecho propio en la historia del rock y, más en general, en la del siglo XX.

Desde hace unos años, los míticos estudios de **Bearsville Records**, en el 291 de Tinker Street, se han reconvertido en un bonito teatro con el mismo nombre. En la misma área hay dos restaurantes, el **Little Bear** y el viejo y mítico **Bear Cafe**, pero también la sede de dos emisoras, WDST y Radio Woodstock. La primera ocupa la sede de lo que antaño había sido el estudio Utopia de Todd Rundgren, y que ahora gestiona la radio. Frente a la entrada del teatro, rodeada de vegetación, está la tumba de Albert Grossman que, como reza la frase grabada en la lápida, será, para siempre, «el Barón de Bearsville». Hoy, por las calles de Woodstock, más que a poetas e hijos de las flores, es fácil encontrar a profesionales autónomos, abogados o arquitectos, pero cualquier woodstocker digno de este nombre está justamente orgulloso de su estatus. Y la población sigue siendo el reino de lo excéntrico. El corazón del pueblo está representado por el **Village Green**, el salón de Woodstock, a tiro de piedra de

Bearsville Theater y la tumba de Grossman

la primera casa construida en 1777 por un cierto Mr. Newerk. Obviamente, en los bancos de la plazoleta ya no están, como en la década de 1960, Paul Newman leyendo el periódico o Bob Dylan que, sentado junto a Muddy Waters, charla de música. Pese a todo, aquí se reúnen todavía músicos que improvisan jam sessions de todo tipo. Y también aquí, la noche del 24 de diciembre, la gente se reúne para esperar la llegada de Papá Noel, una tradición que en Woodstock se repite desde 1932 y que cada vez reserva alguna sorpresa: Santa Claus puede llegar por ejemplo sobre su característico trineo, pero también sobre un elefante o a bordo de una vistosa furgoneta Volkswagen de los años sesenta.

BANDA SONORA

OLD TIME MUSIC

WOODSTOCK MOUNTAIN REVUE - *MUSIC FROM MUD ACRES* (1972)

Los hermanos Traum, John Sebastian, Paul Butterfield, Bill Keith, Jim Rooney, Maria Muldaur, Larry Campbell y otros amigos, todos ellos residentes en Woodstock, recrean el espíritu del Village Green y de Tinker Street. Romántico.

En Tinker Street se encuentran las tiendas principales, galerías de arte, iglesias, teatros y librerías como **The Golden Notebook** (29 Tinker Street), fundada en 1978 pero que ha vuelto a cobrar vida con un nuevo propietario en 2010. The Golden Notebook acoge regularmente presentaciones de libros y la frecuentan algunos residentes famosos como Ed Sanders, fundador de The Fugs y poeta-escritor de fama internacional, o Barney Hoskyns, uno de los críticos de rock más prestigiosos del mundo.

Quien esté interesado en prendas de vestir, pósters o recuerdos del glorioso pasado hippie, **Happy Life**

Village Green, el corazón de Woodstock

EL OJO DE LANDY

En 1967, Elliott Landy comenzó fotografiando en Nueva York el movimiento contra la guerra del Vietnam. Luego, su objetivo empezó a encuadrar a estrellas del rock como Jimi Hendrix y Janis Joplin. Pero su fama está vinculada a la población de Woodstock, donde vive desde 1968, cuando inmortalizó a Bob Dylan y The Band en algunas fotos que han entrado directamente en la historia del rock.

«No he hecho más que documentar lo que veía –dice Elliott Landy–, sin ficciones, con pocos efectos especiales. En aquellos días, tanto Dylan como los muchachos de la Band estaban muy unidos a Woodstock y a los lugares –sus casas– en los que producían música».

Las fotos de Elliot Landy se han empleado para algunas de las carátulas más célebres de discos de rock (*Moondance*, de Van Morrison, *Nashville Skyline*, de Dylan, el homónimo segundo álbum de The Band), se han podido ver en revistas prestigiosas como *Life*, *Rolling Stone*, *Newsweek* y constituyen la columna vertebral de libros magníficos como *Woodstock Vision: The Spirit of a Generation*. Landy fue el fotógrafo oficial del festival de Woodstock.

Productions (54 Tinker Street) es una etapa obligatoria, de la que es imposible salir sin una camiseta *tye-dye*, un cartel del festival o algún pin con el símbolo de la paz o con el todavía más sugestivo de la paloma apoyada en el mango de la guitarra. Quien esté más interesado en la historia, puede dar una vuelta por la boutique de **Lily** (24 Tinker Street), una de las tiendas más elegantes de Woodstock, pero también uno de los lugares más fascinantes desde el punto de vista cultural. Los suelos de pino se remontan a la Guerra Civil, la estufa de keroseno es de 1906 y, cuando a principios del siglo xx, la tienda era conocida como Aunt Nellie Mower's Ice Cream Parlor, este lugar poseía el único teléfono de la ciudad. Luego se

Lily's Boutique

convirtió en un restaurante, una *general store* y una agencia inmobiliaria. Todo excepto una oficina de correos, aunque en la pared (sobre la caja) aparecen diferentes buzones. Y si se observa bien el de arriba, en la esquina derecha, se puede leer el nombre de su poseedor, Bob Dylan.

Cuando Dylan se trasladó a Woodstock, Sara estaba embarazada de Jesse y llevaba consigo a su primogénita Maria, de cuatro años, que había tenido con su anterior marido, Hans Lownds.

La casa de Byrdcliffe (Camelot Road), apodada **Hi Lo Ha**, fue la primera de propiedad de los Dylan: les costó 12.000 dólares. Habitada anteriormente por el artista alemán Lotte Stoehr, la casita encaramada en las colinas estaba rodeada de rododendros, tenía una piscina y once habitaciones. En la Red Room, se dice, comenzaron las primeras grabaciones de las *Basement Tapes*. Rick Danko, bajista de The Band, y su mujer Grace vivían

El extraño caso de
ELLIOT TIBER

Su verdadero nombre era Eliyahu Teichberg, pero todos lo conocían como Elliot Tiber. Venía de Bensonhurst, un barrio de Brooklyn famoso (como decía él) «por el racismo, la mafia... y los *cannoli*», y también por ser el lugar natal de celebridades como Danny de Vito, Elliott Gould y Larry King. Pero más que en Bensonhurst, la vida de Tiber está ligada a una zona más al norte del estado de Nueva York.

Cerca de White Lake, en la Route 17B, en verano de 1955, la familia Teichberg (judíos rusos emigrados a los Estados Unidos) habían adquirido una vieja y derruida casa victoriana que, después de su remodelación, se rebautizó como **El Monaco Motel**. El área de las Catskill Mountains, en aquellos años, era una meta turística frecuentada por los judíos neoyorquinos que, en menos de dos horas, se encontraban en medio de la vegetación, entre colinas, bosques y lagos deliciosos.

Poner en pie un hotel parecía, pues, una idea excelente.

Pero desgraciadamente, en poco tiempo, los turistas disminuyeron drásticamente, cuando entendieron que, pagando el mismo dinero que para una estancia en las Catskill se podían permitir unas vacaciones más exóticas en Florida. Y de este modo, toda el área, poco a poco, se fue vaciando, causando pérdidas enormes entre los emprendedores locales.

A mediados de la década de 1960, Elliot Tiber llevaba una doble vida: durante la semana era un interiorista de éxito en Manhattan, en los fines de semana intentaba echar una mano a sus padres para salvar El Monaco Motel. Pero no sólo salvarlo...

Cuando estaba en Nueva York, Elliot frecuentaba el ambiente homosexual de la Gran Manzana: tenía aventuras nocturnas con el célebre fotógrafo Robert Mapplethorpe y con los legendarios escritores Tennessee Williams y Truman Capote. Conocía a Marlon Brando, Wally Cox y Rock Hudson.

Cuando se encontraba en White Lake, Tiber mantenía ocultas sus preferencias sexuales ante la mojigata población local. Para todos era, simplemente, el brillante hijo de los rudos Teichberg, responsable de los pocos eventos culturales en la deprimida zona de Bethel, White Lake, Woodstock y los pueblecitos limítrofes del condado de Sullivan. De hecho, desde hacía unos años, Elliot y su amigo Max Yasgur, propietario de una granja que producía lácteos, organizaban un festival de música de modestas proporciones. Y justamente Elliot era el encargado de entregar los permisos de eventos públicos en la zona.

De esta manera, cuando el 15 de julio de 1969 se enteró de que los organizadores de la Aquarian Exposition buscaban una sede porque la ciudad de Woodstock se la había negado, cogió el teléfono y llamó al organizador, Michael Lang: «Michael, creo que tengo el lugar para tu festival».

Y de esta manera, de acuerdo con Yasgur, alquiló la granja, puso a su disposición El Monaco Motel (que se convirtió en el centro operativo del festival, el lugar de acogida de los artistas y el centro para los medios de comunicación) y contribuyó a resolver las toneladas de problemas logísticos que aquella iniciativa propiciaba incluso antes de comenzar.

Fascinado por esta historia, en 2009, el director de Taiwán Ang Lee realizó la película ***Motel Woodstock***, basada en el libro homónimo de Elliot Tiber.

El Monaco Motel y (arriba) Elliot Tiber

a poca distancia de allí, en la que antaño había sido **Zena Roda** (hoy 373 Chestnut Hill Road). Su casa, como la de Dylan y de otro famoso vecino, Van Morrison, tenía vista hacia las montañas. En los alrededores también tenían su residencia Garth Hudson y Richard Manuel, así como Robbie Robertson y su mujer Dominique.

En efecto, porque el hecho de que Bob Dylan y sus amigos se hubieran trasladado allí convirtió a Woodstock en un lugar de moda, entre los artistas pero también entre los fans. Hasta el punto de que, muchos jóvenes se dirigían allí en busca de Dylan, y lo importunaban. Aun rodeado por sus amigos más fieles de los tiempos del Greenwich Village, de Eric Andersen a Ramblin' Jack

«WOODSTOCK FUE EL BIG BANG DE NUESTRA GENERACIÓN»

David Crosby

Elliott, hasta el «fidelísimo» Bobby Neuwirth, en un cierto momento Dylan huyó del lugar que, más que cualquier otro, habría podido garantizarle tranquilidad y privacidad. E, ironía de la suerte, él, primer y más famoso ciudadano de Woodstock, no participó en el festival que adoptó el nombre del pueblo, a pesar de que éste se desarrolló a una hora de distancia. En cambio,

Shokan House, la casa de Hendrix

The Band subió al escenario en la Yasgur's Farm, aunque Albert Grossman no autorizó ni el libro ni la película. Como también hizo con otra protegida suya, Janis Joplin. Tal vez por sugerencia de su mánager Mike Jeffery (que tenía una casa en Woodstock), también Jimi Hendrix, en verano de 1969, decidió alquilar una casa de campo en las inmediaciones. Entre Shokan y Boiceville (en Traver Hollow Road) encontró una bonita mansión posteriormente apodada «**Shokan House**» y, allí, junto a Mitch Mitchell, Billy Cox, su amigo de Nashville Larry Lee y otros músicos, Hendrix hizo las pruebas pertinentes para poner a punto una nueva fórmula musical que luego llevó al escenario del festival de Woodstock, pocas semanas más tarde.

El festival de Woodstock aumentó de manera increíble la fama y la popularidad de aquellas zonas. En particular, entre los músicos. Entre otros, también George Harrison y Eric Clapton llegaron allí para intentar oler aquel aire con perfume a hippie, pero también a vieja América. Un mix extraordinario que siguió fascinando a los músicos en el curso de la década de 1970. Con frecuencia, en el Sled Hill Cafe (en el cruce entre Deeming Street y Sled Hill Road), Van Morrison, Paul Butterfield, Tim Hardin y los miembros de The Band se encontraban

BANDA SONORA

THIS WHEEL'S ON FIRE

BOB DYLAN - *THE BASEMENT TAPES* (1975)

El tema de ecos shakespearianos que cierra las cintas grabadas en los sótanos de Parnassus Road. Escrito junto a Rick Danko, bajista y vocalista de The Band, desde el título parece hacer referencia al accidente de moto que obligó a Dylan a una larga convalescencia en Woodstock y que, en definitiva, constituyó la base del proyecto de las *Basement Tapes*. Épico.

The Barn, los estudios de Levon Helm

para hacer jams. Y tanto en el Cafe Espresso como en el Elephant (abierto por Sam Hood, el mánager del Gaslight, en el Village) todos los conciertos del fin de semana colgaban el cartel de «no hay localidades».

Hoy, aquellos locales ya no están, y los directos en Woodstock se producen en el Bearsville Theater o en el viejo estudio de Levon Helm. Tras la partida del legendario batería y vocalista de The Band, sus Midnight Ramble prosiguen gracias a su hija Amy y a Larry Campbell. Tienen lugar en los fascinantes estudios de Levon (**The Barn**), en el 160 de Plochmann Lane. Es una visita ineludible, como también la de Big Pink que, además de ser «still big and still pink», hoy se puede alquilar por la módica cifra de 600 euros al día (tiene tres dormitorios y dos baños). Si se desea rendir homenaje al espíritu de The Band, se puede ir al **Woodstock Cemetery**, donde se encuentran las tumbas de Levon Helm, con las correspondientes baquetas de la batería, y la de Rick Danko.

«WOODSTOCK ES SINÓNIMO DE UTOPÍA»

Ang Lee

Gracias en parte a la actividad del Creative Music Studio, Woodstock atrajo a diferentes jazzistas, entre ellos Dave Holland, Carla Bley, Pat Metheny, Jack DeJohnette o David Fathead Newman, que luego se trasladaron aquí. Como también hicieron, a lo largo de los años, centenares de estrellas del rock, desde Carlos Santana hasta David Bowie, que en la tranquilidad de su casa en la **Tonche Mountain**, adquirida en 2003 por poco menos de dos millones de dólares, pasó los últimos días de su vida junto a su amada Iman y a su hija Lexi. Bowie se enamoró de la zona a principios del año 2000, cuando había grabado aquí una parte de *Heathen*. La dirección de la casa de Bowie se mantuvo en secreto durante mucho tiempo, hasta el punto de que eran muy pocos, incluso entre los woodstockers, quienes la conocían. Al parecer, las cenizas del gran rockero británico se espar-

La casa de David Bowie en Tonche Mountain

cieron justamente frente a la casa. Entre los centenares de neoyorquinos que en la década de 1960 se dirigían a Woodstock los fines de semana también estaba Michael Lang, un joven hippie que había organizado en Florida diferentes conciertos y el gran Miami Pop Festival. Lang, junto con su amigo discográfico Artie Kornfeld, soñaba con construir en Woodstock un estudio de grabación e inaugurarlo con un gran concierto. El estudio no se hizo, pero el concierto sí, y se convirtió en «la madre de todos los festivales de rock». Un par de meses antes del evento, con el elenco artístico ya definido y los contratos firmados, se negaron a Lang y a Kornfeld las autorizaciones para promover el festival en Woodstock: los lugareños temían la invasión de 50.000 hippies. Y de este modo, los dos pudieron contar con la disponibilidad de una gran propiedad, la **Yasgur's Farm**, en White Lake, cerca de Bethel, a cerca de una hora de distancia de Woodstock. Y hasta allí llegaron casi un millón de personas, atestando las vías de acceso al festival. La enorme (y no prevista) afluencia de público creó en efecto un gigantesco embotellamiento en la Route 17B, la carretera principal que llevaba al emplazamiento del festival, la granja de Max Yasgur.

Todo el condado de Sullivan quedó bloqueado por centenares de miles de vehículos.

En la zona en la que se celebró realmente el festival estaba prohibido estacionar, y permaneció intacta. Para recordar el evento, se erigió un monumento de piedra con el ineludible logotipo esculpido en el frontón, con la paloma blanca sobre el mango de la guitarra, y los nombres de los participantes. Alrededor hay un enorme centro para el arte y la cultura musical. Se llama **Bethel Woods Center for the Arts**, y es un proyecto de 100 millones de dólares financiado por la Gerry Foundation. En mayo de 1997, después de largas negociaciones, Alan Gerry, presidente de la Gerry Foundation, anunciaba la adquisición del área en la que se desarrolló el festival en agosto de 1969 y de las 800 hectáreas contiguas de terreno. Nativo del condado de Sullivan, Alan Gerry fue uno de los pineros de la televisión de pago por cable. En 1996, su hija Roby, que contaba por entonces cuarenta años, madre de tres hijos y apasionada por el rock, había sugerido a su padre una inversión extravagante: «Papá, cómprate un sueño: ¡adquiere Woodstock!»

Lápidas conmemorativas del festival

De esta manera, en el plazo de diez años, el viejo Alan construía el Woodstock del nuevo milenio: un anfiteatro (**The Pavillion Stage**) de 15.000 plazas, un teatro al aire libre de 1.000 plazas (**The Terrace Stage**), y una zona para megaconciertos de casi 50.000 personas. Y, sobre todo, un magnífico museo.

Abierto en verano de 2008 y ampliado en 2009 para celebrar dignamente el cuarenta aniversario de Woodstock, **The Museum at Bethel Woods** permite que el visitante viva una experiencia única: la de revivir, perfectamente inmerso en la realidad histórica de la época, unos fantásticos «tres días de paz, amor y música». Impresionante realidad arquitectónica, The Museum at Bethel Woods acoge en sus

Bethel Woods Center for the Arts

3.000 metros cuadrados una exposición permanente a la que se suman muestras especiales, seminarios, encuentros y la inevitable tienda en la que se vende el merchandising oficial.

La **Main Exhibit Gallery**, de casi 2.000 metros cuadrados, es el centro vital del museo. Allí se pueden ver 5 producciones interactivas, 20 películas y 330 infografías gigantes que decoran las paredes, así como 164 recuerdos, regalados por los protagonistas del festival o prestados por otras realidades museísticas como el Rock and Roll Hall of Fame de Cleveland o el Experience Music Project de Seattle. También está **The Bus**, un auténtico autobús escolar pintado con colores psicodélicos, en cuyo parabrisas se proyectan las historias de viajes hacia Woodstock desde todos los rincones de los Estados Unidos.

The Museum at Bethel Woods

"WOODSTOCK TUVO UN IMPACTO EXCEPCIONAL EN LA VIDA ARTÍSTICA ESTADOUNIDENSE"

P.J. O'Rourke

Wade Lawrence, el director del museo, explica que «las películas que proyectamos están en alta definición, y con una calidad de sonido formidable». Entre éstas se encuentran *The Sixties Timeline*, una multiproyección que resume los acontecimientos y los personajes clave de los años sesenta; *A Musical Revolution*, narrado por Dennis Elsas, que muestra la evolución del rock en la década de 1960; *Planning Woodstock*, una colección de cuatro largometrajes que relatan el nacimiento del festival; *The Music*, narrado por el actor William Devane, que describe la historia del

La granja de Max Yasgur ayer y hoy

festival desde el punto de vista de los músicos; actuaciones nunca vistas y los temas musicales más significativos tratados con técnicas audiovisuales altamente sugestivas; y finalmente *Woodstock and the Sixties: What Do They Mean Today?*, que muestra la herencia del festival a tantos años de distancia.

La Yasgur's Farm fue vendida en 1971 a Roy Howard. Un año y medio más tarde, Max Yasgur moría en Florida de un infarto.

Durante años, todos los fines de semana de agosto que coinciden con el aniversario del festival, Roy Howard y su mujer Jeryl Abramson, habían dado vida a pequeños eventos conmemorativos, con música y baile, invitando a la factoría a centenares de personas, pero creando problemas con los vecinos y con las autoridades de Bethel.

En 2007, después de la inauguración del Bethel Woods Center for the Arts y en polémica con Alan Gerry, Howard había decidido poner a la venta la propiedad por 8 millones de dólares, pero sin encontrar comprador. El 29 de enero de 2013, después de una larga enfermedad, Roy Howard fallecía, pero el mito de la factoría de Max Yasgur resiste. Para llegar es preciso seguir la 17B y girar por Yasgur Road.

Cuando subió al escenario de Woodstock, vestido íntegramente con prendas tejanas *tye-dye*, John Sebastian todavía era considerado el líder de los Lovin' Spoonful. Pero luego cantó una tiernísima canción folk («Younger Generation») que contaba, de modo actualizado a los nuevos tiempos, las dinámicas de hijos y padres que habían caracterizado la evolución de los *baby boomers*.

Desde entonces, John vive en Woodstock y es, tal vez, el artista que encarna mejor la identidad del lugar, el espíritu del festival, la creatividad y el «esnobismo cultural» de las Catskill Mountains; un fenomenal hilo conductor entre pasado, presente y futuro.

John Sebastian hoy en Woodstock

Otros títulos publicados en la misma colección LOOK

Cultura popular (música, cine, series, videojuegos, cómics)

Ciudades Fantásticas y dónde encontrarlas - Manu González

Princesas y Guerreras. Heroínas de los videojuegos - David Martínez

Historia de los videojuegos - Yann Lebihan

A través de Stranger Things - Martí Pallás y Eloy Pérez Ladaga

Otros títulos publicados en Ma Non Troppo - Música:

Mujeres del rock - Anabel Vélez

Historia de la música pop - Peter Doggett

Historia de la música pop. El auge - Peter Doggett

Historia Del Rock - Charlie Gillett

Puro Jazz - Ricard Gili